**Terroristen der Finanzmärkte III**

**Teil II: Wie Online Broker ihre Kunden gewissenlos abzocken. Milliarden werden entzogen**

**If you succeed in cheating. Do not think that the person is a fool. Realize that the person trusted you much more than you deserved.**

# I Die Mitarbeiter der Tradingplattformen

Die Mitarbeiter werden geschult, so viel wie möglich, aus den Kunden raus zu holen. Sie sind in riesigen Callcentern beschäftigt unter anderem auch in Ramat Gan, in den großen Wolkenkratzern, wo die Tradingfirmen meist mehrere Stockwerke mieten. Allen ist ein Mitarbeiter einer solchen Firma. Er hat sich hochgearbeitet in die zweite Ebene. Er ist ein Immigrant aus den USA und arbeitet jetzt in Israel. Die meisten Mitarbeiter sind Immigranten. „Man fängt unten an. Bei mir war es so, dass ich viele Kunden anrufen musste. Meistens hatte ich zehn, zwanzig Kunden und einer zahlte zum Beispiel hundert Dollar ein. Manche kamen aus Indien oder Pakistan, hatten sich Geld geliehen und ich wusste, dass es nach einigen Tagen weg sein würde. Jeder einzelne, der Geld einzahlt verliert es, das ist das System, so manipulieren wir die Software. Nur wir gewinnen, der Kunde verliert immer. Das schlechte Gewissen muss man ablegen und nur an seine eigene Provision denken. Wenn man aufsteigt, auf die Ebene, dass man persönlich Kunden betreut, dann verdient man mehr. Jeder der hier arbeitet hat einen fungierten Namen und einen fingierten Lebenslauf. Wir sind alle Broker, Finanzberater, haben an der Börse gearbeitet oder bei einer Bank. Tatsächlich stimmt das nicht. Wir waren Verkäufer im Supermarkt oder Vertreter oder Arbeitslos. Am liebsten sind uns Kunden aus Deutschland oder den Niederlanden, oder überhaupt Europa. Sie zahlen Euro ein, sie sind seriös und wollen handeln. Außerdem zahlen sie die höchsten

Beträge ein, gemeinsam mit den Kuwaitis und andere reiche Araber. Wir freuen uns regelrecht, wenn wir solche Kunden übers Ohr hauen. Dann feiern wir im Büro. Wenn einer sagt „Ein Kuwaiti hat gerade 100.000 eingezahlt" dann geht die Party los. Dann klatschen alle und tanzen und wir freuen uns. Hier hat keiner ein schlechtes Gewissen, sonst kann man den Job nicht machen. Ich habe auch kein schlechtes Gewissen. Ich muss überleben und die haben sowieso genug Geld. Die armen Teufel, die nicht viel haben, ach.....da darf man nicht zu lange darüber nachdenken. Die werden schon überleben. Wenn der Kunde das Geld verloren hat, wenn wir ihn über den Tisch gezogen haben, dann blockieren wir seine Nummer, dann kann er uns nicht mehr erreichen. Er hat keine Namen, er hat nur fingierte Daten. Er kann nichts machen. Das funktioniert einwandfrei. Immer.

Wir erzählen den Kunden, dass wir ihnen helfen viel Geld zu verdienen, wir erzählen ihnen auch, dass sie an der Börse investieren, dass wir ihr Geld vermehren. Wir machen Werbung mit prominenten Fußballern oder Boxer oder andere Promis. Sie erzählen, dann wie einfach es sei das Geld zu vermehren. Aber kein Kunde gewinnt. Wir manipulieren die Software. Zum Beispiel wenn ein Kunde erfolgreich ist und einen größeren Gewinn macht, wird die Software neu eingestellt und er verliert. Das machen wir bei jedem einzelnen Kunden so. Wenn der Kunde sich beschwert und uns die Kurse zeigt, auf seiner Linie, dann sagen wir ihm, dass das nicht die echten Kurse sind, dass sie an der Börse anders sind, das müsse so sein. Wir manipulieren die Software ähnlich wie

Roulettekugeln in kriminellen Casinos. Das gehört mit zum Game. Außerdem haben wir die besten Suchmaschinen. Unsere Firma hat außerdem Webseiten die  Broker bewerten, auch die gehören zum System. Der Kunde findet also immer nur positives über unsere Firma. Kein Kunde bleibt lange.   Meistens wird er nach einem Monat abgeschossen, dann hat er alles verloren und dann ist Schluss. Dann gehen wir zum nächsten Kunden, zum nächsten Opfer, es gibt noch so viele. Wir sind für Jahre versorgt. Bis jetzt hat keiner sein Geld zurückbekommen. Wir finden immer Tricks und Ausreden ,weshalb das nicht geht und wenn ein Kunde schwierig wird, na ja, dann gibt es keine Kontaktmöglichkeit mehr. Ja, und wir arbeiten zusammen, manche Inhaber haben zehn oder fünfzehn verschiedene Tradingfirmen über

Holdings etc. unter ihrem Namen. So geht also vieles Geld letztendlich auf die gleichen Konten. Ich denke da geht es um Milliarden und ich bin mir sicher, dass die auch geschützt werden von wichtigen Persönlichkeiten. Es kommt so viel Geld nach Israel und so viele Menschen hier arbeiten in dieser Industrie. Man kann das gar nicht stoppen, da würden zu viele arbeitslos und zu viel Geld würde verloren gehen. Wir leben hier alle von dieser Industrie, die diese Menschen im Ausland betrügt. Es sind zehntausende alleine in Israel und ich habe auch viele ausländische Menschen hier bei uns gesehen, die hier trainiert werden. Offensichtlich sind unsere Manager dabei, ausländische Firmen zu gründen, in anderen Ländern. Wir exportieren auch unsere Expertise der kriminellen Unternehmen. Man kann bei uns das Konzept kaufen und Mitarbeiter trainieren lassen. Ja, auch das habe ich gesehen. Ich denke das ist erst der Anfang dieser Industrie."

## II Alternative: Rumänien

Die Kriminellen sorgen vor. Manche haben ihr Firmen schon jetzt nach Rumänien verlagert oder dort einen Zweitsitz eröffnet, da sie befürchten, das irgendwann der internationale Druck zu groß wird und Israel den Handel schließen könnte. Die rumänischen Behörden sind indessen auch schon informiert und alarmiert. Es gab bereits Festnahmen von Personen, die illegal von Rumänien aus Forex- und CFD Handel betrieben haben. Die meisten dieser Personen sollen israelische Staatsbürger gewesen sein, so die Polizei in Rumänien. Die Gelder kamen über Banken in Bulgarien, Zypern und Israel und dann über Rumänien zurück zu den Privatkonten der Firmeninhaber. Diese waren keine Rumänen, sondern Israelis. Die meisten der Forex Firmen in Rumänien haben nach Angaben der Behörden israelische Eigentümer. Von Rumänien aus rufen sie Bürger in Europa an und überreden sie ihr Geld bei ihnen anzulegen. Tatsächlich aber geht das Geld sofort über die zahlreichen ausländischen Bankkonten auf die privaten Bankkonten der Inhaber. Es wird nie irgendwo investiert oder angelegt, es wird sofort gestohlen. Die Bürger sehen ihr Geld nie wieder.

Nah Angaben der israelischen Tageszeitung „Hebrew financial daily" hat eine der Firmen, die in Rumänien ausgehoben wurde, einem israelischen Geschäftsmann gehört: Itamar Patishi. Nach Angaben eines rumänischen Insiders war YouTradeFX eine der Firmen bei denen es eine Razzia gab. Diese YouTradeFX hat Verbindungen zur Israelischen Firma USG Capital. Sie wurde gegründet vom Israelischen VIP Itamar Patishi und später weiterverkauft an Tomer Sinai. Ihm gehörte früher der Hapoel Soccer Club. 2011 wurde er festgenommen, weil er involviert war in einen Skandal über Fußballwetten und Manipulation. Der Fall wurde wegen mangelnder Beweise eingestellt. YouTradeFX macht weiter. Itamar Patishi wird aufgeführt als früherer Direktor von YouTrade Capital Markets Ltd, sowie der YFT Trade, einer Firma mit offiziellem Sitz in Zypern. Später wurde der Name verändert in AirFinance Pro LTD. Die Firma betreibt die Tradingplattformen BuzzTrade, Binary Royal, OptionsXO, CFD Royal und Uptrade 7. Wenn eine Firma Probleme bekommt oder zu viele Kunden sich beschweren, dann ändert die

Firma ihren Namen. Es ist zum Beispiel auch so, dass wenn viele Kunden ihre Gelder, die sie über ihre Kreditkarten eingezahlt haben zurückfordern, dann bekommt die Firma Probleme mit der Kreditkartenfirma und auch dann wird der Name einfach geändert und es wird woanders weitergemacht.

## III  Alternative: Bulgarien

Auch Bulgarien ist zu einer neuen beliebten Firmensitzzentrale in Europa geworden. Der Rechtler Nicolas Gaiardo hat zahlreiche Kunden, die Opfer von solchen Tradingplattformen geworden sind. Seine Firma Net and Help unterstützt sie. Er stellt fest, dass mehr und mehr israelische Forex und CFD Handelsfirmen sich in Bulgarien niederlassen. Seine Erfahrung ist die, dass die ganzen Emails, die Kunden an die Beschwerdestellte einer Tradingplattform schicken, nie wirklich gelesen werden. Es ist wohl eine Software da, die die Emails an diese Stelle sofort vernichtet, so seine Erfahrungen. Nach seiner Erkenntnis gibt es zwei Arten von korrupten Unternehmen die von Israel aus arbeiten. Die erste sind Tradingfirmen, bei denen man das Geld einzahlt und man überhaupt nicht handeln kann, auch kein Geld zurückbekommt. Diese Firmen beauftragen dann eine weitere Firma, mit denen sie zusammenarbeiten und die sich an den Kunden wendet oder per Internet Hilfe anbietet. Wer da nochmal Geld einzahlt ist auch dieses los. Interessanterweise schicken die Firmen, die den Kunden das Geld abnehmen, oft noch eine Email, in der sie davor warnen, man solle bloß keine Schritte unternehmen, sein Geld zurückzufordern, denn diese würde ohnehin nicht funktionieren. Eine solche Email hatte auch ich erhalten. Viele denken dann: jetzt erst recht, welch kriminelles Pack. Ich lasse mich nicht unterkriegen. Wer dann eine solche Firma beauftragt, ist auch dieses Geld los. Die zweite Gruppe sind die Tradingplattformen, bei denen man anfangs tatsächlich Gewinne macht, dann nachschießt und dann über manipulierte Software alles verliert. Dazu gehören offensichtlich die meisten. Beide Arten von kriminellen Unternehmen werden von Israelis bestimmt und sind überwiegend in ihrem Besitz. Alleine der bulgarische Anwalt Nicolas Gaiardo kennt nach eigenen Angaben in Europa etwa eine halbe Million Geschädigte, davon kommen die meisten aus Deutschland, Frankreich und Italien. In Israel sind die Täter so gut geschützt wie nirgends. Die Anwälte nennen das Land das sogenannte „Safe House" für CFD Händler, Forex und Binäre Optionen Betrüger. Mit einer versteckten Kamera wurde gefilmt, wie es in den Firmen zugeht. Wenn ein Callcenter Mitarbeiter Jemanden überredet hat, Geld einzuzahlen, dann wird geklatscht und getanzt und es gibt eine kleine Party und die gibt es in den Callcentern praktisch rund um die Uhr.

## IV Die Psychologie

Praktisch alle Opfer erzählen die gleiche Geschichte der Manipulation, der Beeinflussung, der psychologischen Taktik der Verführung des Geldes. Praktisch alle Opfer sagen später: „Wieso habe ich das gemacht, wie konnte ich so blöd sein. Ich bin intelligent, habe ein erfolgreiches Geschäft und gebe einem Unbekannten einfach so hunderttausende Dollar oder Euro. Was genau steckt da hinter ? Alle Opfer sind sich einig, dass die Mitarbeiter psychologisch hervorragend geschult sind. Sie arbeiten nach einer bestimmten Methode. Ich habe mir viele Mitarbeiter in Führungspositionen der online Broker, die sich bei LinkedIn als Mitarbeiter outen angeschaut. Ihre Erfahrungen, ihre vorigen Stellen. Viele Mitarbeiter, die Kunden am Telefon betreuen waren zum Beispiel Vertreter, Restaurantleiter oder Verkäufer. Die Mitarbeiter auf Führungsebene haben fast alle studiert. Die israelischen Mitarbeiter kommen von Harvard. Einige haben Psychologie studiert. Fast alle Opfer erzählen mir, dass sie sich fast so wie Hypnotisiert gefühlt hätten. Si ehätten einfach nicht anders handeln können und sich im Nachhinein über ihre eigene Entscheidung gewundert. Da aber war es in der Regel schon zu spät. Ich unterhalte mich mit Psychologen und mit Hypnotiseuren. Sie bestätigen mir, dass es so etwas gibt, das man auch durch das Telefon einen Menschen hypnotisieren könne und in eine Art Tranceartigen Zustand versetzen, der dann dazu führt, dass sie alles machen können. Das Unterbewusstsein des Opfers würde angesprochen und er würde das machen, was der Verkäufer von ihm verlangen würde. Israel ist wohl auch sehr weit fortgeschritten in Sachen Hypnosetherapien und Psychologie. Die Forschung in Israel ist sehr weit fortgeschritten in Sachen Psychologie und Hypnose. Alle modernen Methoden werden dort erforscht und angewandt, viel neues wird dort entdeckt und einiges offensichtlich auch eingesetzt um Menschen zu beeinflussen.

Amerikanische Finanzbehörden gehören zu den strengsten der Welt. Sie haben hohe Strafen für Firmen, die die strengen Richtlinien für Online Trading nicht einhalten. In Europa sieht das anders aus. Hier gibt es lediglich Warnungen, doch diese schrecken die korrupten Online Broker offensichtlich kaum ab, wenn man hunderte Tradingplattformen betrachtet. Es wäre interessant zu erfahren, wie der markt aussehen würde, wenn in Europa die gleichen strengen Gesetze mit Strafen gelten würden.Es gibt in den USA eine rote Liste. Darauf stehen Finanzdienstleister, vor allem Binäre Optionen und FX Broker die beobachtet werden. Es stehen zur Zeit 40 Namen darauf. Während in Europa die meisten Online Broker eine Registrierung neuer Kunden sehr einfach macht – man klickt einen Button und schon hat man ein Konto eröffnet, machen es die unregistrierten US Broker sehr schwierig. Sie möchten so viele wie mögliche Informationen von den Kunden erhalten, die sie später gegen sie verwenden können. OTC Binary Optionen Handel ist in den USA verboten und Firmen aus dem Ausland können diesen Handel auch nicht an

US Einwohner anbieten, trotzdem wird es gemacht.

## V Frust

An manchen Tagen bin ich völlig frustriert. Ich komme nicht weiter. Bei deutschen Behörden sind die Mauern so hoch aufgebaut, die kann man kaum überwinden. Dort bekomme ich keine Informationen. Was kann ich noch machen, damit ich die Informationen erhalte die ich brauche. Die verschiedenen Behörden behaupten sie wüssten nichts davon, dass diese online Broker Kunden berauben. Als Antwort auf meine Fragen kopieren sie mir Zeilen ihrer Internetseiten und schicken sie mir per Mail. Ich schicke meine Fragen nochmal. Schreibe hinzu, dass man mich offensichtlich falsch verstanden hat. Sehr höfflich. Es tue mir leid, wenn meine Fragen nicht deutlich genug seien. Ich formuliere sie nochmals aber ich bekomme keine Antwort.

Jetzt nicht einmal mehr eine Email. Meine Schreiben an Politiker bleiben unbeantwortet. Ich fühle mich hilflos. Als Journalistin bin ich gewohnt zu recherchieren, auch in schwierigen Sachen. In Deutschland wird geschwiegen und ausgesessen. Offensichtlich ist diese Mentalität bei den Behörden angekommen. Bei Behörden im Europäischen Ausland, sogar in Israel und den USA erteilt man mir Auskunft, aber nicht in meinem Heimatland. Wie fühlen sich wohl die Opfer? Kein Wunder, dass manche Suizid begangen haben. Es macht mich wütend. Die Arroganz der Beamten am Telefon ist oft unerträglich. Manche sind freundlich, aber vollkommen unfähig. Andere legen sofort auf. Seit ich dieses Buch schreibe geschehen eigenartige Dinge. Ich werde auf offener Straße bedroht. Ich bekomme Email von Menschen, die ich nicht kenne. Ich bekomme viele Emails mit Angeboten zu traden, mit Algorithmen zu traden, Firmen die für mich Gewinne machen möchten. Offensichtlich funktioniert das System hervorragend. Jedesmal wenn ich eine Seite besuche, zur Recherche, öffnen sich viele andere Seiten, die mir Werbung zuschicken, unaufgefordert und ohne, dass ich meine Email hinterlegt habe. Am schlimmsten finde ich den Einbruch auf die Pressefreiheit in Deutschland. Bis jetzt hat keiner sich bereit erklärt über dieses Thema berichten zu möchten. Ich habe sämtlich Rechercheergebnisse zur Verfügung gestellt für Fernsehen, Hörfunk und Printmedien. Auch das Buch möchte Niemand veröffentlichen. Ganz abgesehen davon, dass einige Behörden auf höchster Bundesregierungsebene nicht einmal meine

Emails beantworten. Auch hochrangige Politiker, denen ich direkt geschrieben und um eine Stellungnahme gebeten habe, antworten nicht.

Deutsche Medien sind ohnehin nicht an einer Veröffentlichung interessiert. Ein Redakteur teilt mir mit, es sei offensichtlich, dass diese online Broker alle Betrüger seien und dieser CFD Handel sei ein betrügerischer Handel, das könne jeder sofort sehen. Komisch, dass sich dann doch täglich viele Geschädigte bei den Anwälten melden. 10 am Tag, alleine bei einem Anwalt, alleine aus Deutschland das sind mehr als 3000 Geschädigte im Jahr, das entspricht auch seinen Zahlen, die er mir genannt hat. Dennoch scheint das Thema nicht interessant genug zu sein.

# VI Wer steckt dahinter

**FOREX        CFD        BINARY LADDER**

*Join the fastest growing online* **industry**

Jeder kann sich eine eigene Borkerwebseite machen lassen und von vornherein dafür sorgen, dass sie zum Nachteil der Kunden wirkt. Dazu gibt es mehrmals im Jahr an verschiedenen Orten sogenannte Forexmessen. Dort treffen sich die Kriminellen der Branche. Softwareanbieter zeigen einem da, wie man eine Seite einrichten kann mit allem drum und dran, je nachdem wie viel man bezahlen möchte. Der Softwareentwickler bekommt einen

Prozentsatz des Umsatzes und verdient also mit am Totalverlust des Kunden. Gleichzeitig werden Möglichkeiten entwickelt, mit Hilfe der Software Geld wegzuschleusen, direkt an schwer zugängliche Orte irgendwo auf dieser Erde, zum Beispiel in Belize oder Nigeria.

Die Fälle die bekannt werden sind lediglich die Spitze des Eisbergs, da viele Betroffene gar nicht an die Öffentlichkeit gehen oder sich melden, weil sie ohnehin wissen, dass die Polizei wenig unternehmen kann, da die Täter sich im fernen Ausland befinden würden. Es soll nach Angaben der ESMA in Paris eine der größten Finanzskandale unserer Zeit sein. In England soll es zur Zeit gar der größte Betrug sein den es im Land gibt, so der National Fraud Intelligence Bureau Deputy Direktor und Finanzkriminalitätsspezialist Andy Fyfe.

Jeden Tag würden in England mindestens zwei Anzeigen eingehen und die meisten hätten um die 20.000 Euro verloren. Dieser Betrag sei der Betrag, der am häufigsten vorkommen. 20.000 Euro ist wohl bei vielen so eine Art Grenze.

Kenneth fing an mit einem Konto mit 250 Euro. Dann legte er nochmals 500 Euro nach. Man erklärte ihm, dass er keine Verluste machen könne, dagegen sei er nämlich versichert. Er fing an zu handeln und machte innerhalb kürzester Zeit größere Gewinne. Er überzeugte seine Freundin und seinen besten Freund ebenfalls einzuzahlen. Insgesamt fast 100.000 Euro. Auf dem Konto stand nach fast einem Jahr mit vielen erfolgreichen Trades dann ein Betrag von 600.000 Euro. Als er diesen abholen wollte, gab es plötzlich

Schwierigkeiten. Es war die typische Geschichte. Der zuständige Mitarbeiter würde gerade seine kranke Mutter besuchen. Danach hatte er einen Unfall und lag selbst im Krankenhaus. Letztendlich wurde sein Konto ohne Ankündigung geschlossen und er konnte Niemanden mehr erreichen.

Ein anderer Geschädigter ist Henk, der als Gabelstaplerfahrer arbeitet hat. Er hat ebenfalls zehntausende Euro verloren. Er hat immer wieder neu Geld eingezahlt, auch als er schon längst ahnte, dass es da nicht mit rechten Dingen zugeht. Er wollte unbedingt, seinen Verlust wieder reinbekommen. Auf diese Art und Weise wurde er immer mehr angreifbar und war das gefundene Opfer für die kriminellen Broker. Oft wurde auch Geld ohne Erlaubnis von der Kreditkarte abgebucht. Auch dies ist eine Masche. Standard ist eigentlich auch, dass die kriminellen Broker einen sogenannten Bonus versprechen. Wer ihn nimmt, muss dann eine bestimmte Anzahl von Trades machen, die natürlich immer zum Totalverlust führen. Manche Opfer haben ihre Rente verspielt, andere ihre Ersparnisse. Die Welt der online Broker ist ununterbrochen in Bewegung. Jeden Tag gibt es neue Broker, andere verschwinden. Namen der Broker werden infach geändert, wenn es zu viele negative Reaktionen gibt. Die Opfer möchten auch nicht, dass ihre Namen veröffentlicht werden. Die typischen Opfer sind ältere Menschen mit Ersparnisse die frustriert sind, weil sie bei ihrer Bank kaum Zinsen bekommen. Im Internet erfahren sie, das die Online Broker eine gute Alternative seien. Eine andere

Opfergruppe sind junge Menschen, die sich im Internet gut auskennen, und die davon träumen mit einem großen, schnellen Wagendurch die Welt zu düsen. Auf den Webseiten der Online Broker wird mit genau diesen beiden Gruppen Werbung betrieben. Ältere, seriös aussehende Kunden und junge Kunden mit einem flotten Ferrari im Hintergrund, die über neues Leben als Millionär berichten. In den USA wurde der Broker Banc de Binary zu einer Strafe von 11 Millionen Euro verurteilt. Auch in Zypern musste er ein Bußgeld bezahlen. Dieser Broker hat jahrelang bekannte englische Fußballklubs unterstützt. Der letzte Fußballverein hat die Zusammenarbeit dann aufgrund der negativen Presse beendet.

Die Mitarbeiter werden gelockt mit tollen Angeboten zum Beispiel einer Kommission von 20 Prozent von allen Einzahlungen, einem Arbeitsplatz mitten in Tel Aviv, jedes Wochenende Parties, einen extra Bonus von zehntausend Dollar, zehntausend Dollar extra für jeden weiteren Mitarbeiter den er anwirbt.

England ist eines der Länder, wo zahlreiche online Broker beheimatet sind. Manche allerdings haben nicht einmal eine Registrierung, obwohl sie behaupten sie hätten eine. Die meisten sind ohnehin nur leere Hülsen mit einem Briefkasten, wenn überhaupt. Manche Broker behaupten auch, sie hätten eine Versicherung oder ein Fonds, welches Kunden gegen Verluste absichern würde. Auch dies existiert oft nicht.

Viele der kriminellen Online Broker schreiben auf ihren Webseiten, dass sie registriert sind in einem Land, zum Beispiel in England oder Deutschland. Auch die Angaben der Eigentümer stimmen oft nicht, meistens stecken völlig andere Firmen und Holdings dahinter. Die Namen der Eigentümer sind oft Fake Namen. Auch InsideOption ist eine solche Firma, die tatsächlich von Israel aus handelt, aber so tut, als wäre sie in Europa.

Ein junger Mann postete vor kurzem ein Instagram Video von sich, er tanzte und hüpfte rum in einem Büro im sogenannten Electra Tower, einem 45 Stockwerke zählendem Bürogebäude mitten in Tel Aviv. Er war einer der Sales Mitarbeiter, hatte aber keinerlei Erfahrung in der Branche. Die Broker machen Werbung mit prominenten

Sportlern oder Schauspielern. Das Vorbild vieler ist der Film „The Wolf of Wall Street", so benehmen sie sich und so wollen sie sein: skrupellos und knallhart. Die Inhaber der Firmen werben mit hohen Kommissionen und viele fallen darauf rein, verlieren dann nach und nach sämtliche Hemmungen und ihre gesamte Moral. Es geht hier nur um das schnelle Geld. Hinter vielen dieser Plattformen steckt die Firma SpotOption. Dieser Provider der Plattformen hat etwa 200 Kunden, nach eigenen Angaben und etwa 65 Prozent des weltweiten Marktes für Online Traderwebseiten ist in ihren Händen.

When contacted by the Bureau Yedibaslar said he had worked for Express Target Marketing, not Inside Option, and insisted he was entirely innocent of any wrongdoing. "I have never not earned a straight dollar in my life!" he said. Täglich sollen sie einen tradingvolumen haben von ca. 5 Milliarden Euro, so zeigen die Recherchen namhafter Anwälte der Opfer. Diese Firma bietet ein Gesamtpacket an. Vom der Webseite, der Betreuung der Kundenkonten ( das abräumen also ) der Konten der Inhaber, der geheimen Off Shore Konten auf den Inseln und der Geldwäsche – alles können sie organisieren und dafür bekommen sie eine saftige Provision. Nach Angaben von Insidern sind es etwa 12 Prozent. Für mich ist dies ein Rätsel, weshalb diese Firma offen auftreten und ihre Dienste anbieten kann. Einmal im Jahr sind sie Teilnehmer einer Forexmesse in Zypern, auch dort treffen sich die kriminellen Online Broker der Welt, vollkommen unbehelligt von Behörden, Polizei und Kriminalämtern. Der

Eigentümer dieser Firma ist der sogenannte Pini Peter, alias Pinchas Peterktzishvilly, mehrfach verurteilt unter anderem wegen Geldwäsche in einer der größten Kriminalgeschichten Israels. Der Kommentar all dieser Inhaber ist immer der gleiche: in Europa sind diese Online Broker registriert und erlaubt. Das ist korrekt und sie nutzen dazu eine riesige Gesetzeslücke, die es möglich macht täglich zehntausend Opfer zu betrügen, ohne dass man sie dingfest machen kann. Alles was sie in Europa machen ist legal, sagen sie. Das stimmt so nicht. Sie betreiben illegale Werbung, belügen potentielle Kunden und sie geben Bonusse damit die Kunden en Konto eröffnen. Im Rahmen meiner Recherchen habe ich mit mehreren Firmen gesprochen und auch mit ihren Abwälten. Alle geben sich vordergründig korrekt und halten sich an die Gesetze, tatsächlich aber sind die meisten nicht so, wie sie sich vorgeben. Viele erklären, dass es ihnen bekannt sei, dass es schwarze Schafe gäbe, aber sie seien sicher nicht so eine Firma.

Die meisten Behörden und Medien in Europa versuchen das Problem der korrupten Online Broker mit Sitz in Israel runterzuspielen. Einige Medien haben bereits darüber berichtet, allerdings haben sie den tatsächlichen Sitz der Broker, nämlich Israel nur winzig klein in einem Nebensatz erwähnt. Es soll halt nicht an die große Glocke gehängt werden.

## VII Undercover für ein Callcenter arbeiten.

Der israelische Journalist Lacopo Luzi hat im Auftrag der Times of Israel undercover in einem Callcenter eines online Brokers in Ramat Gan in Israel gearbeitet. Mit seiner Zustimmung habe ich den Inhalt seines Artikels aus dem Englischen ins Deutsche übersetzt und dazu seinen eigenen Kommentar während unserer Gespräche ergänzt. Lacopo Luzi hat sich mit dieser Aktion einer großen Gefahr ausgesetzt, denn wenn man ihn entdeckt hätte, wäre womöglich sogar sein Leben in Gefahr gewessen. Nach seiner eigenen Aussage schrecken die kriminellen Inhaber der corrupten online Broker vor nichts zurück. Sie seien schlimmer als die italienische Maffia und würden alles einsetzen, um ihre Kunden, die sogenannten Trader auszurauben und zwar skrupellos mit allen Mitteln. Das hat der Journalist erfahren, als er in dem Callcenter gearbeitet hat. Er hat mir erzählt, dass es ihm sehr schlecht ging, als er gemerkt hat, wie die Menschen weltweit ausgenommen wurden. Alle in dem Callcenter benutzten Fakenamen und die Umgangssprache war englisch, obwohl einige auch andere Sprachen, wie Spanisch, Italienisch oder Deutsch beherrschten und deshalb die Kunden aus den jeweiligen betreuten. „Ich hatte nie gedacht, dass ich ein Undercover Reporter sein würde, aber ich wurde sozusagen ins kalte Wasser geschmissen. Ich hatte keine Ahnung, was online Broker machen, alle Informationen bekam ich zugeteilt und dann habe ich mich beworben. Offensichtlich hat man mir vertraut, denn ich wurde sofort eingestellt. Ich kann gut reden und bin ein lustiger Mensch und das hat wohl geholfen. Ich habe mich beworben bei einem von unzähligen Brokercallcentern in Tel Aviv. Es ist praktisch unmöglich als Opfer sein Geld zurückzubekommen, aber einen Job zu kriegen ist sehr einfach. Überall werben sie neue Mitarbeiter, an den Universitäten, in den Zeitungen und Zeitschriften und online, überall in Israel sieht man ihre Anzeigen, dass sie Mitarbeiter suchen. Das Geschäft boomt offensichtlich und sie stellen ununterbrochen neue Mitarbeiter ein. Auch auf Facebook sieht man ihre Anzeigen. Manchmal umschreiben sie ihre Stellenanzeigen vorsichtig „Finanzdienstleistungsinstitut sucht neue Mitarbeiter für das nuee Büro in Tel Aviv" oder so ähnlich, man landet dann in einem Callcenter. Lacopo Luzi schickte also seine

Bewerbung per Email los und schon einige Tage bekam er einen Anruf von einer anonymen Nummer aus Ramat Gan. Er stellte sich vor und wenig später konnte er anfangen. Selbstverständlich hatte er sich unter einem Pseudonym, also mit einem Fake Namen vorgestellt. Seine Geschichte klang glaubhaft. Er sei ein Kellner, der wegen der Liebe nach Israel gezogen sei und brauchte dringend einen Job. „ Als ich vor Ort war realisierte ich sofort, dass es nicht ein Managment Büro war, sondern ein online Broker mit mehreren Webseiten. Der Name des Brokers war St. Binary. Obwohl ich keine Arbeitserlaubnis hatte und ihnen auch keinen Paß oder andere Ausweise zeigen konnte, wurde ich eingestellt. Das Einstellungsgespräch bestand daraus, dass ich in einem praktisch leeren Büro den Chef überzeugen sollte, eine Wette auf den

Sieg einer Fußballmannschaft abzuschliessen. Während dieser fünf Minuten wurden also offensichtlich meine Verkaufsqualitäten getestet. Mein Englisch ist hervorragend und auch das war offensichtlich wichtig, denn die Mitarbeiter müssen international agieren. Die Callcentermitarbeiter müssen also in Prinzip in der Lage sein einen Kühlschrank zu verkaufen an einen Eskimo. Verabredet war, dass ich einen Tag lang alles ausprobieren sollte. Eigentlich wollte man mich für eine Woche, aber das war mir zu riskant, ich hätte zu leicht auffliegen können. Ich fing an an einem Tag Ende des Monats und dann gibt es den sogenannten Marathon. Das bedeutet, dass man von 11 Uhr morgens bis 1 Uhr nachts arbeitet und so viel wie möglich Geld reinbekommen soll. Neue Kunden mit größeren Beträgen sofort abzocken und

Kunden die schon länger dabei sind die Konten leerrräumen und schliessen. Ende des Monats brauchen die Bosse neues Geld. Das Callcenter befand sich in einem schäbigen gebäude in Ramat Gan. 12 Leute in einem Raum voller Computer und Telefone. Ich bekam den Platz direkt neben dem besten Verkäufer, damit ich mir seine Tricks anschauen konnte. Drei große Fernseher liefen im Hintergrund ununterbrochen auf hoher Lautstärke. Ich wollte die Lautstärke runter drehen aber das sollte nicht so sein. Der Verkäufer namens Patrick erklärte mir, dass die Lautstärke den Kunden ein volles, hektisches Büro vermitteln sollte. Sie sollten den Eindruck vermitteln, dass man mit internationalen Experten reden würde, die in einem großen, vollen Büro mit Finanzanalysten in einem finanziellen Hotspot arbeiten würden. Niemand sollte merken, dass wir in einem schäbigen, billigen Hinterhofbüro in Ramat Gan in Israel arbeiten würden. Aus diesem Grund durften wir nur in Englisch miteinander sprechen. Jeder hatte einen englischen Fake Namen: William, James, Ian, alles unechte Namen. Die meisten Mitarbeiter konnten aber gar nicht so gut englisch und verfielen automatisch ins Hebräische, dann gab es sofort eine Rüge. Der Manager schrie sie an. Heimlich machte ich Fotos und nam auch einiges auf, als Beweis. Die Mitarbeiter um mich herum waren eine bunte Mischung von Menschen aus der ganzen Welt, die alle nach Israel gekommen waren um ihr Glück zu suchen. Es gabe zum Beispiel einen ultra-orthodoxen Mann, der das Foto seiner sechs Kinder auf seinem Schreibtisch hatte. Sie hatten darauf geschrieben: wir lieben Dich. Er erzählte mir, er würde die Menschen ausnehmen, damit er seine Familie ernähren könne. Ich habe ihn überhaupt nicht verstanden, wie er mit seinem Glauben, so etwas machen konnte, aber er hat es sich gutgeredet. Es gab einen Russen und einen Veteranen der Armee, ein junger Mann und ein Hippie mit langem Bard und vielen Tattoos. Jeder anders, jeder besessen von dem Wunsch schnell viel Geld zu verdienen, auch wenn sie dazu Menschen betrügen und belügen mussten. Zwölf Leute sassen in dem Raum, neun waren Verkäufer. Das bedeutet, sie mussten Menschen am Telefon davon überzeugen, mit ihnen zu handeln, ihnen also ihr Geld anzuvertrauen und es in CFD Handel, Forex oder Aktien zu investieren. Alles hier war gelogen, die Namen, die Funktionen, die Titel und die Erfahrung als

Finanzdienstleister, mit der sie sich brüsteten. Drei der Mitarbeiter waren sogenannte Senior Broker, das waren diejenigen, die die Konten der Kunden verwalteten. Sie riefen die Kunden auch an und gaben ihnen Ratschläge, vor allen die, dass sie mehr Geld einzahlen sollten, damit sie mehr handeln konnten. Ich fing also um elf Uhr morgens an. Mein Marathon Tag sollte beginnen. Ich sollte so viele wie mögliche Kunden anrufen. Alle trinken Literweise Kaffee und Energy Drinks und man fühlt im Raum die Spannung die dort hängt. Der Druck ist enorm, es geht darum Geld reinzuholen. Auf einer großen Tafel stehen die Namen der Mitarbeiter handgeschrieben, dahinter wird eingetragen, wer wie viel Geld reingeholt hat. Klar ist, dass jeder Cent der reingeholt wirde auch drinnen bleibt, der Kunde verliert seinen Einsatz immer. In der Firma in der ich arbeitete Binary St, die übrigens von manchem Mitarbeitern als Smith and Taylor Option benannt wurde bekamen die Salesmitarbeiter etwa 1440 Dollar im Monat und dazu Provisionen für jede Einzahlung, die ein Kunde machte. 20 Dollar für ein neues Konto mit einem Minimum von 250 Dollar, 80 Dollar für 500 Einzahlung und 120 für 1000 Dollar. Es gibt kein Limit und die Kunden konnten also so viel einzahlen, wie sie wollten. Jedesmal wenn ein Kunde etwas einzahlte, wurde eine große Glocke geläutet und es wurde gefeiert. Alle klatschten und schrien und waren glücklich, dass sie wieder Jemanden abgezockt hatten. Einer der Senior Broker erzählte mir von seiner 10.000 Dollar Einzahlung eines Kunden. Ein anderer hatte ein 250.000 Dollar Account eröffnet und bekam 25.000 Dollar. Pro Stunde macht jeder Agent etwa dreißig Anrufe. Das System ist so eingerichtet, dass die Nummer des Landes aus dem der Anruf kommt, also Israel nicht gezeigt wird. Dem Kunden wird erzählt, der Anruf stamme aus dem Land, wo er lebt oder aus Zürich, wo angeblich die Zentrale ist. Kunden in der ganzen Welt werden angerufen: in mexiko, Italien, Niederlande, Deutschland, Argentinien, Australien, Marokko und sehr sehr viele Kunden in den USA. Die Broker sammeln Daten aus der ganzen Welt, wer einmal auf eine Webseite klickt, dessen Daten werden schon gespeichert, dahinter steckt ein raffiniertes System zum Sammeln der Daten. Deshalb leuchten auch immer die Werbungen auf, wenn die potenteillen Kunden und Interessenten bestimmte Webseiten anklicken. Manchmal auch, wenn sie Seiten von Finanzdienstleistern oder Magazine anklicken. Für mich ist es ein Rätsel, dass die Behörden in der Welt das nicht stoppen. Ich denke aber, dass die online Broker viel besser organisiert sind als die Behörden. Ich fühlte mich während meiner Arbeit wie ein Hai in einem Meer voller Beute. Wir warteten nur auf die nächste Beute. Es war ein schreckliches Gefühl. Die Umgangsweise untereinander war knallhart. Ein Mitarbeiter, der gerade dabei war einen Unden zu überreden ein Konto zu eröffnen wurde vom Manger angeschrien: „Jetzt schnapp Dir diesen Motherfucker". Nachdem ich mehrere Stunden zugeschaut hatte sollte ich einen ersten Anruf tätigen und zwar in meine Heimat nach Italien. Mir war klar, jetzt sollte auch ich Leute belügen und ihr Geld abnehmen. Ich wollte das nicht machen, dass hatte ich mir vorher versprochen, aber natürlich musste ich jetzt handeln. Ich hatte Glück. Der potentielle Kunde ging nicht ans Telefon. Ich hatte Glück und er jetzt auch. Vor und nach jedem Telefongespräch wurden die Kunden mit schlimmsten Worten beleidigt, damit puschten sich die Verkäufer gegenseitig hoch. „Diesen Looser mache ich fertig, er wird alles blechen, die Alte hat endlich eingezahlt, die Bitch will nicht mehr einzahlen, dieser Idiot hat jetzt 10.000 Euro verloren, geschieht ihm Recht, dem Arschloch. Ich stehle alles was Du hast, Du Blödmann, sagte einer. Er hatte die Hand über das Telefon gelegt und sprach dann freundlich weiter.

So wurde über die Kunden hergezogen. Wie schon gesagt, es war keine Kaltaquise, sondern die Kunden hatten irgendwo im Internet ihre Daten hinterlassen. Jeder Verkäufer hatte eine lange Liste auf seinem Bildschirm mit potentiellen Kunden, deren persönliche Information irgendwo hinterlegt war. Vorname, Nachname, Herkunftsland, Telefonnummer, Social Security Nummer, alles hatten sie da. Die Kunden wurden immer in der jeweiligen Zeitzone angerufen. Asien und Australien morgens, Europa und Amerika nachmittags und abends. Das hatte auch einen Grund. Es ist nämlich immer einfacher Kunden zu überreden, wenn sie vor dem Computer sitzen. Wenn sie offline sind, dann sind sie beschäftigt mit anderen Dingen, so erklärte mir Patrick, mein Vorgesetzter das System. So bald ein Kunde sein Konto eröffnet hat und eine erste Einzahlung vorgenommen hat, wird er weitergeleitet an einen sogenannten Senior Broker. Sie sind die sogenannten Verkaufsexperten. Sie führen den neuen Kunden durch das System und machen ihm vertraut. Ausserdem geben sie ihm einige Tipps, wie er handeln sollte. Die Tipps sind darauf ausgerichtet, dass der Kunde immer mehr einzahlt, so lange bis er nichts mehr hat, dann wird das Konto geschlossen und der Kontakt wird unterbrochen. Der Kunde kann sich nirgendwohin wenden, er hat keine echten Namen, keine Telefonnummer, er hat nichts. Patrick erklärte mir das folgendermaßen: „Wir haben kein Interesse daran, dass der Kunde Geld verdient, er soll lediglich einzahlen, dann können wir handeln und abräumen. Neun Leute im Raum versuchten neue Kunden zu überreden ein Konto zu eröffnen, danach waren die anderen Senior

Broker an der Reihe und versuchten sie zu größeren Geldbeträgen zu überreden. Alle im gleichen Raum. Es wurde aber der Anschein erweckt, also gäbe es mehrere Büros auf verschiedenen Etagen. Am schlimmsten war es für mich zu sehen und hören, wie die Verkäufer die Kunden überredeten zu traden. Sie sind sehr freundlich aber sehr fordernd. Sie versprechen viel, üben aber auch Druck aus, manchmal drohen sie den Kunden. Manche Kunden geben dann einfach nach, sie waren erschöpft von dem vielen reden und dem Druck. Ich hatte den Eindruck, dass die Verkäufer psychologisch hervorragend geschult waren, es war eine Art pschologische Gewalt die da ausgeübt wurde, vor allem mit verzweifelten und armen Menschen funktionierte das hervorragend. Ich hörte etwa siebzig Telefongespräche in wenigen

Stunden und nur ganz selten beendete Jemand das Gespräch ohne dass er ein Konto eröffnete. Fast Jeder hörte sich an was der Verkäufer zu sagen hatte, vielleicht auch, weil es genau das war, was er hören wollte. Sehr oft hatten Kunden ein Bankkonto, welches für internationale Transaktionen gesperrt war. Die Verkäufer sagten dann dem Kunden, er solle seine Bank anrufen und es freischalten, eine Sache von fünf Minuten. Er würde dann in dreißig Minuten zurückrufen. Die Verkäufer würden offensichtlich fast alles tun um an das Geld der Kunden zu kommen. Sie erzählten ihnen Geschichten: „Man kann praktisch nicht verlieren, sie werden gewinnen und viel Geld machen. Es wird ihr Leben verändern. Sie sind ein Gewinner, das steht fest. Das Risiko ist gleich null. Möchten Sie den Rest ihres Lebens arm bleiben und Probleme haben ? Na also, dann zahlen Sie jetzt ein. Sie werden reich und sie werden ein schönes Leben haben. Ich rannte immer wieder zur Toilette weil ich es nicht ertragen konnte wie die Menschen am Telefon belogen wurden. Ich musste auf der Toilette kurz zur Ruhe kommen und nachdenken. Es gab eine Situation bei der Patrick einen 18jährigen Jungen aus Macedonien kontaktiert hatte. Der Junge wollte einfach nicht Geld einzahlen. Patrick schrie ihn durch das Telefon an: Du wirst sterben, Du Idiot, Fuck you und knappte das Telefon auf den Tisch. Ich erzählte Patrick: „Das ist doch ein Teenager, ein Kind, den kann man doch nicht so anschreien." Er antwortete: „Es interessiert mich keinen Fuck, wenn Du diesen Job machen möchtest, dann denke besser nicht nach über die Menschen, besser Du interessierst Dich keinen Shit für

Niemanden." Die Verkäufer machten den Kunden und den potentiellen Kunden immer klar, dass es sich um eine regulierte und überwachte Firma handelte und nicht um eine der vielen korrupten Firmen, die es auf dem Markt gibt. „Wir sind die Profis, bei uns verdienen unsere Kunden jeden Tag Millionen. Bei korrupten Firmen können sie schon mit zehn oder zwanzig Euro ein Konto eröffnen, bei uns müssen sie 250 Euro einzahlen, daran erkennen Sie dass wir seriös sind." Während des Tages sollte ich immer wieder Anrufe tätigen. Zum Glück blieben einige unbeantwortet. Als ich einen mexikanischen Kunden am Telefon hatte, hatte Ich wider Glück, er hatte keine Zeit zum reden und drückte mich einfach weg. Stundenlang sollte ich das Geschäft lernen und den Verkäufern bei der Arbeit zuschauen.

Ich aß jede Menge Pizza. Die Kollegen waren sehr nett zu mir. Wenn sie nicht telefonierten waren es normale Leute, sie machten Späße und lachten. Man hätte niemals gedacht, dass sie ihr geld damit verdienten, andere Menschen finanziell zu ruinieren. Ich konnte mithören, dass eine andere Frau aus den USA einem Verkäufer erzählte, dass sie zur Bank gehen würde, um ein Darlehen aufzunehmen, damit sie traden könnte. Als er weg war nahm ich ihre Emailadresse. Mit klopfendem Herzen . Später schrieb ich ihr eine Mail: „Trade nicht mit ihnen, es sind Kriminelle. Als es Mitternacht war wollte ich gehen. Ich bat den Manager ob ich nach Hause könne, er sagte ja und wollte mich am nächsten Tag anrufen. Der Anruf kam nie, zum Glück. Ich hatte auch kaum Interesse für den Job gezeigt. Später hat mein Auftraggeber die TimesofIsrael dem

Broker einige Fragen gemailt. Es gab nie eine Antwort.

Das wundert mich nicht. Auch ich habe im Rahmen meiner Recherchen für dieses Buch mehrere Broker angeschrieben, darunter Avatrade. Ich habe nie eine Antwort erhalten. Zwar gab es Drohungen, ich solle meine Recherchen beenden, meine Youtube Videos beenden und dürfe nicht mehr berichten, ansonsten gäbe es eine Klage. Aber auch zu der Klage ist es nie gekommen. Über diese Klage, die ja in Deutschland hätte stattfinden müssen, hätte mich mich gefreut, denn ich habe jede Menge Beweise und Opfer.

Der Israelische Premierminister hat dazu aufgerufen weltweit diese kriminelle Industrie zu bekämpfen. Israel hat jetzt den ersten Schritt gemacht. Der Handel in Binäre

Optionen soll verboten werden und alle anderen Finanzdienstleistungen mit Sitz in Israel sollen nur erlaubt werden, wenn die Broker in den Ländern in denen sie tätig sind, weine Erlaubnis haben. Wenn sie illegal tätig sind. Sollen dafür schwere Strafen verhängt werden. Das FBI ist weltweit mit der Untersuchung dieser kriminellen Online Broker beschäftigt. Die kriminellen Online Broker mit Sitz in Israel berauben in erster Linie nicht Juden weltweit – nach Angaben eines Insiders sind es Milliarden die täglich nach Israel fliessen. Einige Experten sind skeptisch ob das Verbot in Israel jemals eingeführt wird, da einfach zu viel Geld nach Israel fließe. Dabei ist dieser Betrug chutzpah – also illegal. Die Israelische Regierung hat es den Brokern untersagt Juden zu betrügen, aber nicht Juden weltweit sind nach wie vor das Ziel der kriminellen online Broker. Es fängt an mit einer kleinen Summe von 250 Dollar, dann kommen die nächsten Verkäufer in der Riege und überreden die Opfer tausende Dollar zu investieren. Gleichzeitig werden abertausende Opfer in der ganzen Welt ohne ihre Zustimmung vom Geld der Kreditkarte beraubt. Die Daten der Pässe und Karten werden gleichzeitig weiterverkauft. Nach Angaben von Experten des Fraud Intelligence Bureau sind die kriminellen Online Broker der größte Finanzskandal in England. Bis jetzt gab es aber keine erfolgreichen Gerichtsverfahren in England gegen diese Broker, da sie meistens in Israel behelmatet sind. Das einzige was helfen könnte, wäre ein weltweites Verbot dieser Broker. Viele Menschen haben ihr Geld verloren, darunter auch ältere Menschen, deren Kreditkarte ohne deren Erlaubnis benutzt wurde. Menschen aus Asien, aus Kanada, aus Europa, jeden Tag gibt es neue Opfer. Seit ich meinen YouTube Channel habe „Games of Truth" melden sich auch bei mir täglich neue Opfer mit unterschiedlichen, manchmal sehr traurigen Geschichten. Ich teile diese, sowie einige meiner Rechercheergebnisse, damit Menschen daraus lernen können.

Eine interessante Frage ist folgende. Wie kann es sein, dass diese kriminellen Online Broker immer noch tätig sind. Es gibt Warnungen weltweit, von Finanzaufsichtsbehörden, von Regierungen, es gibt Internetseiten mit Firmen die warnen, es gibt sehr viele Recherchen von Journalisten und Experten. FBI, Europol, viele untersuchen. Dennoch passiert so gut wie gar nichts. Wie kann es sein, dass die Banken nichts unternehmen ? Dort müssten doch alle Alarmglocken längts abgegangen sein. Viele der Broker haben nicht mal eine Lizenz, oder sie schreiben sie hätten eine Regulierung, die es nicht gibt. Manche Eigentümer sind bereits mehrfach verurteilt worden. Wie kann es sein, dass Banken weltweit mit diesen Kriminellen Geschäfte machen ? Wie kann es sein das täglich Millionen von den Konten der kriminellen Broker in Steuerparadiese verschwinden, ohne das die Banken eingreifen ? Weshalb sollte eine Bank dies mit machen ? Die Banken bei denen die Kriminellen ihre Konten haben sind seriöse, große Banken. Manche Banken machen vielleicht mit, wegen dem Profit, aber viele machen mit, weil es sich um eine Industrie handelt die man als Fintech kennt.

Financial Technology ist im weitesten Sinne jede Art des Finanzservices der mit Hilfe von Digitaler Innovation effizienter gestaltet wird. Alles wird günstiger, alles geht schneller, mobile Apps ( und die Broker haben die besten ) und crowdfunding. In Zukunft wird wohl auch Cryptocurrency dazu gehören. Wo unsere Behörden sozusagen „hinterm Mond" leben, auch weil der Datenschutz immer eine große Rolle spielt, sind die Kriminellen immer mehrere Schritte voraus, weil sie die modernsten technologischen Möglichkeiten kennen und nutzen. Es sind wirklich clevere Burschen die hier am Werk sind. Der prominente Sektor dieser Fintech Industrie ist die Finanzdienstleistung. Dort gibt es gewaltige Lücken, die bis jetzt offensichtlich von Banken und Finanzdienstleistern nicht bemerkt wurden. Die

Finanzaufsichtsbehörden arbeiten im Vergleich zu den kriminellen Brokern mit mittelalterlichen Instrumenten. Die online Broker sind schon im nächsten Jahrhundert angekommen mit ihrer Internetentwicklung und modernsten Methoden die sie einsetzen um zu betrügen und Geld zu waschen, bis jetzt zum großen Teil unbehelligt von den Aufsichtsbehörden weltweit. Fintech ist vor allem in Israel, wo sehr viele sehr qualifizierte junge Menschen in dieser Branche arbeiten, eine wirkliche Start Up Industrie mit hervorragenden, fantastischen Firmen die weltweit dafür sorgen, dass Geschäfte einfacher ablaufen und Geld verdient wird. Gleichzeitig sind aber auch einige wenige Kriminelle auf dem Parkett mit dabei, die sich an diese Industrie angehängt haben und, wenn sie nicht schnell gestoppt werden, den

Ruf der gesamten Industrie kaputt machen. Das darf nicht passieren, deshalb muss gehandelt werden. Experten gehen davon aus, dass etwa 6 bis 10 Prozent der Firmen, die Kreditkartenzahlungen acceptieren ihre wahre Identität vor den Banken und Kreditkarteninstitute verbergen. Die Banken und Institutionen haben keine Ahnung wer sich dahinter versteckt. Die meisten wissen nicht einmal womit sie ihr Geld verdienen. Wenn wir davon ausgehen, dass die meisten Menschen gute Geschäfte machen, so müssen wir gleichzeitig immer mit einkalkulieren, dass es böse Menschen gibt, die sich mit einschleusen, dass sind dann zum Beispiel Terroristen, Drogendealer, Menschenhändler- und Schleuser, kriminelle Broker, Geldwaschinstitute, kriminelle Pharmaunternehmen und alle anderen Arten von Betrüger. Früher musste man ein Restaurant eröffnen, damit man Geld waschen konnte, heute im Zeitalter der Online und E-Commerce Aktivitäten braucht man das nicht mehr und in Zukunft mit Cryptocurrency noch viel weniger. Firmen existieren nur auf Papier, Niemand der es kontrollieren kann. Geldwäsche wird immer einfacher, das Problem wird immer größer, aber darüber reden Politiker nicht gerne. In Israel gibt es mehrere High Risk payment Prozessoren die dabei helfen, die korrupten Systeme der kriminellen online Broker vor Banken und Kreditkartenunternehmen zu verstecken. Wenn ein online broker zu einer korrekten Bank geht und als Kunde akzeptiert werden möchte, kann es sein, dass die bank ihn weigert. Deshalb tritt das Unternehmen als Fintech Finanzunternehmen auf, damit es als seriöses Unternehmen betrachtet wird. Ein solches Unternehmen hat in der Regel mindestens vier Namen. Es gibt den Namen der Webseite oder mehrerer Webseiten, dann gibt es den Namen eines englischen oder schottischen oder irischen Partnerunternemens, das ist eine Unternehmensform, die es ausländischen Firmen erlaubt legal zum Beispiel in England Geschäfte zu machen. Oft werden dahinter kriminelle Aktivitäten versteckt. Einen dritten Namen für die Holding, die meistens auf irgendwelchen karibischen oder offshore Inseln versteckt ist. Einen offiziellen Namen für die örtlichen Behörden, zum Beispiel in Europa, der als Geschäftsname geführt wird. Meistens gibt es dann noch einen Namen für die Behörden, wo die wirkliche Firma ist zum Beispiel in Israel, Bulgarien, Panama, Süd

Afrika. Meistens ist dies das einzige Unternehmen, worin tatsächlich Menschen arbeiten, um Beispiel in einem Callcenter.

Das typische Geldwäsche System funktioniert folgendermaßen. Man setzt eine Webseite auf, sammelt Kreditkartendaten, dann leitet man die Zahlungen weiter an eine andere kommerzielle Webseite und sorgt dafür, dass diese Zahlungen nicht von Banken oder anderen Finanzinstituen zurückverfolgt werden können. Bei den kriminellen Online Brokern funktioniert dieses System einwandfrei. Es gibt eigene Firmen, die für die Brokerfirmen solche Webseiten aufsetzen mit allem was dazu gehört. Einmal im jahr findet in Zypern eine große Messe statt, wo sich die Insider treffen und nach Angaben von Experten wie zum Beispiel Haggai Carmon seien dort die Kriminellen unter sich. Etwa sechs bis zehn Prozent aller Zahlungen mit Kreditkarte seien schwer zurückzuverfolgen und etewa drei Prozent sollen einen kriminellen Hintergrund haben, so Finanzexperten.

Jeder Kunde und dazu gehören auch die Firmen, die diese online Tradingplattformen besitzen, braucht eine seriöse Bank, wenn sie Kreditkartenzahlungen akzeptieren möchten. Es ist dabei im Interesse der Bank, dass es sich bei ihren Kunden ebenfalls um korrekte Kunden handelt. In manchen Ländern schreibt es das Gesetz vor, dass sich die Banken darüber informieren, wer die eigentlichen, wirklichen Inhaber der Firmen sind und nicht nur die Identität der Direktoren auf Papier akzeptieren. Sie müssen dies überprüfen.

Manche FIntech Firmen helfen den online Brokern, dass sie sich verstecken können hinter gefakten Identitäten. Dabei kommt es vor, dass die Firmen so clever sind, dass sie sogar diese Payment Prozessoren belügen. Es g ibt sogenannte Vermittler, die im Auftrag eine Bank suchen für ihre Kunden. Die Bank schleisst dann mit diesem Vermittler einen Vetrag ab ohne dass der eigentliche Kunde bekannt wird. Der Vermittler nimmt Kontakt auf zur Bank und schlägt vor, dass er einige neue Kunden wirbt. Diese neuen Kunden machen dann einen Vertrag mit dem Vermittler, der sich an die Bank weitervermittelt. Die bank liefert lediglich den Service. Ich habe es im Rahmen meiner Recherchen erlebt, dass bekannte Banken sich dahinter verstecken und sagen, die Bank hätte gar keinen Vertrag mit der Firma der die

Tradingplattform gehört, also könne der Geschädigte sich auch nicht an die Bank wenden. Folge dieser Konstruktion ist die, dass die Bank keine Ahnung hat mit wem sie tatsächlich Geschäfte abwickelt. Viele Fintech Firmen arbeiten auf diese Art und Weise und zwar schon seit etwa 15 Jahren ohne das sie damit Probleme bekommen. Vor fünfzehn Jahre konnte man eigentlich nur mit einer Bank Kreditkartengeschäfte abwickeln. Das hat sich vollständig geändert. Inzwischen gibt es mehrere Firmen, die Kreditkarten anbieten und mit denen die Firmen Geschäfte abwickeln können. Die Banken selbst haben diese Entwicklung gefördert. Vor Jahren war ein Restaurant oder eine Kneipe ein Kunde mit einem niedrigen Risiko, weild er Kunde sofort bestellte und bezahlte. Andere Firmen, wie zum Beispiel eine Schreinerei oder ein

Küchengeschäft galten als Risikoreich, denn die Kunden bestellten, bezahlten und inzwischen konnte die Firma Pleite gehen oder mit dem Geld abhauen. Da diese Firmen trotzdem auf Kreditkarten angewiesen waren, weil die Kunden es so wollten, entstanden immer mehr sogenannte Kreditkartenfirmen und damit auch die Gefahr der kriminellen Unternehmen und der sogenannten Transaction Laundering. Vor etwa zehn Jahren wurde das gesamte Kreditkartensystem von den Banken dominiert. Kreditkartenzahlungen mussten über eine Bank laufen. Das hat sich geändert. Heute gibt es eine Vielzahl von Firmen, die solche Dienstleistungen anbieten. Nach wie vor sind allerdings die Banken sehr vorsichtig. Sie möchten am liebsten kein Risiko eingehen. Die kriminellen Firmen, die mit

Kreditkartensysteme arbeiten möchten, können zwei Dinge tun. Sie gehen zur Bank und verstecken ihre eigentlichen Aktivitäten. Obwohl sie eine Broker Webseite betreiben, sagen sie, sie hätten zum Beispiel ein Restaurant. Eine andere Möglichkeit ist die, ein Restaurants oder ein anderes Geschäft zu nutzen, und zum Beispiel eine Provision von ca. 10 oder 15 Prozent anzubieten. Sie können dann deren Kartenmaschine für ihre Zwecke nutzen. Vor Jahren warendie Kriminellen naiver, damals versuchten sie mit gängigen Kartenmaschinen Zahlungen vorzunehmen, das flog aber meistens schon sehr schnell auf.

Die Top Zehn der beliebten Geldwäschefirmenmodelle sind folgende:

Buchläden, kleinere Lebensmittelgeschäfte, Haushaltswarenläden, Geschäfte für

Männerkleidung und Accessoires, Gemischtwarengeschäfte, Kosmetikläden, Souvenirshops, Hobbyläden, Direktmarketing und Sportgeschäfte. Im Laufe der Zeit sind aber immer mehr Fintech Firmen akiv geworden, deren einziges Ziel es ist, die wahre Natur der Geschäfte zu verstecken. Sie vermitteln den Eindruck, als wären es ganz einfache Geschäfte, während tatsächlich kriminelle Unternehmen, wie zum Beispiel korrupte online Broker dahinterstecken.

Wenn die Zahlung vorgenommen wurde, dann läuft das Geschäft oft ab über einen kleinen Laden und einer Bank in Osteuropäischen Ländern. Oft sind auch die Verkäufer in Osteuropäischen Ländern, es werden aber auch israelische karten benutzt, wie Isracard zum Beispiel. Nach Angaben mehrerer

Anwälte mit denen ich gesprochen habe, ist es für die Inhaber der Firmen einfacher eine Zulassung zum Beispiel in Zypern oder Malta zu bekommen, da diese Länder oft weniger gut organisiert sind und ausserdem Geld brauchen. Eine der größten Forexmessen Europas findet zum Beispiel in Zypern statt. Dies ist eine gute Einnahmequelle, da tausende Besucher aus der ganzen Welt sich während dieser Zeit in Zypern aufhalten und dort Geld ausgeben. Das gleiche soll für baltische Staaten und Osteuropäische Staaten gelten. Sie nehmen oft Kunden an, die in Deutschland oder Frankreich zum Beispiel nicht akzeptiert würden. Die gesamte Industrie der kriminellen Broker ist herovrragend organisiert. Die besten Fintech Firmen, Banken, Computer- und Softwärespezialisten und Blogger und

Fachleute, die sich mit Twitter, Facebook und Google auskennen gehören mit zu den Insidern. Sie verkaufen die Anzeigen, geben sich als Mitarbeiter und zufriedenen Kunden aus und unterwandern echte Bewertungen. Die Opfer, Rechtsanwälte und Behörden, die diese Inhaber stoppen und bestrafen möchten, haben es schwert. Es ist ein ungleicher Streit. Das globale Banken- und Kreditkartensystem sollte endlich aufwachen und handeln. Ausserdem sollten Politiker und Behörden in Europa endlich aufwachen und diese Loopholes, diese Gesetzeslücken schliessen. Das aber würde bedeuten, dass sie ihre eigenen Fehler eingestehen müssten und daran hat offensichtlich Niemand Interesse. Lieber lässt man es zu, dass abertausende Opfer täglich viel Geld verlieren und manche sogar ihre gesamte Existenz. Das gesamte globale Bankensystem ist vollständig computergesteuert. Wenn Opfer feststellen, dass auf ihr Konto zugegriffen wurde oder sie etewas überwiesen haben an eine kriminelle Firma, dann können sie ihr Geld zurückverlangen, aber das ist sehr, sehr schwierig. Die kriminellen Broker sorgen nämlich dafür, dass ihre Kunden etwas unterschreiben, damit sie die Kreditkarten oder die Konten belasten könnnen. Oft ist es auch im Kleingedruckten versteckt, das es keine Rückforderungen geben kann. Meistens haben die Anwälte mehr Erfolg, die die Firmen unter Druck setzen, zum Beispiel, dass sie an die Öffentlichkeit gehen. Einige der Anwälte sind allerdings optimistisch, dass es mehr und mehr Öffentlichkeit gibt und deshalb auch mehr Möglichkeiten diese Kriminellen zu stoppen. Je mehr diese online

Broker in die Öffentlichkeit geraten, desto mehr wird passieren. Zwar schliessen Banken gerne die Augen, wenn es finanzielle Transaktionen gibt, die vielleicht nicht hundertprozentig wasserdicht sind, aber was Banken gar nicht möchten, sind negative Schlagzeilen in den Medien. Letzendlich ist es aber die Verantwortung der Regierungen diese Kriminellen zu stoppen. Ihre Regulierungen sind nicht Waserdicht und machen es möglich, dass sie betrügen können. Kanada zum Beispiel hat die Kreditkartenfirmen gezwungen Geschäfte mit den online Brokern zu stoppen. Es müsste viel strengere Strafen auch für die Banken geben. Wenn eine Bank Geschäfte macht mit einer kriminellen Firma oder einer Firma, die nicht hundertprozentig überprüft werden kann, und sie würde es riskieren eine Strafe zu bekommen, so würden die Banken viel vorsichtiger sein und ihre Kunden, also die online Broker, viel besser überprüfen. Bis jetzt aber laufen die Banken kaum Gefahr. Kunden, die sich beschweren und ihr Geld zurückverlangen haben praktisch keine Chance. Es müssten aber nicht nur die Firmen angepackt werden, die die online Brokerwebseiten betreiben, sondern vor allem auch die sogenannten Hosts. SpotOption zum Beispiel ist eine dieser sechs großen Firmen,die allesamt in Israel angesiedelt sind. Sie sagen, sie hätten insgesamt 200 online Brokerwebseiten, die sie hosten und würden 65 Prozent des weltweiten Marktes abdecken mit einem täglichen Umsatz von 5 Milliarden ! Solche Provider bekommen bis zu 12 Prozent des Umsatzes und sind selbstverständlich daran interessiert, dass der Kunde immer den

Totalverlust macht und hilft demenstprechend die Software so zu gestalten. Der Inhaber von SpotOption ist ein Israeli mit dem Spitznamen Pini Peter, alias Pinchas Peterktzishvilly. Er wurde 2005 wegen Geldwäsche verurteilt. Die Zahl der Geschädigten steigt jedes Jahr weiter an. Auch Sir Richard Branson hat sich schon öffentlich geäussert zu dem Thema. Praktisch alle Täter benutzen fake Namen und Fake Büros. Manche Firmen nutzen sogar die Namen von Prominenten und sagen, dass sie mit ihnen zusammenarbeiten würden. Der Multimillionär Peter Lima hat vor einiger Zeit einen Betrug mit seinem Namen angezeigt. Mit seinem Namen wurde weltweit geworben. Das wird auch mit anderen Namen gemacht, zum Beispiel mit Warren Buffet. Je mehr Online Broker sich in Europa auf dem Markt tummeln, desto mehr Anzeigen gibt es. Gleichzeitig mit dem Betrug und dem Diebstahl des Geldes auf der Webseite, wird auch die Identität gestohlen und genutzt für Geldwäsche. Sehr gerne nutzen die Online Brokerwebseiten die Namen von Prominenten, ohne ihr Einverständnis. Auch Sir Richard Branson taucht immer wieder auf. Er hat jetzt in einem Statement öffentlich erklärt, dass er oder seine Firmen in keinerster Weise in solche Binäre Optionsfirmen investiert hätten. Im Gegenteil, er warnt sogar davor und möchte Opfern so helfen. Dieser Betrug kann die finanzielle Stabilität von Menschen sehr stark beeinflussen und dafür sorgen, dass sie große Probleme bekomme. Ich bitte denn auch jeden, der etwas über solche Firmen weiss, diese anzuzeigen, so erklärt er. Die Zahlen, die den Betrug dieser Internetfirmen belegen sind gigantisch. In einem Jahr sind die Beträge der „Action Fraud" von zwei Millionen auf 13 Millionen gestiegen. Dabei handelt es sich nur um die registrierten Zahlen. Experten gehen davon aus, dass dies nur die Spitze des Eisberges ist. Offensichtlich wird das Problem größer und größer und die Finanzaufsichtsbehöredne fangen jetzt endlich an, diesem Problem Aufmerksamkeit zu zeigen. Wann kann man überhaupt von Betrug reden ? Denn viele Opfer, gehen anfangs davon aus, dass sie selbst Schuld sind an ihrem Verlust, so wird es ihnen auch am Telefon vom Verkaufpersonal vermittelt. Betrug liegt vor wenn dem Kunden einen größeren Gewinn versprochen wird als üblich. Wenn einem 25 Prozent oder mehr Gewinn versprochen wird, dann stimmt etwas nicht.

Wenn man versucht Geld abzubuchen vom Konto und es funktioniert nicht. Wenn der Kontakt mit dem Kunden verbrochen wird und wenn die Software manipuliert wird, um Kurse zu beeinflussen. Das sind die gängigsten Methoden der kriminellen Online Broker. Wenn eine solche Situation auftritt, sollte man sofort die Polizei benachrichtigen und auf gar keinen Fall lange warten. Manche Länder haben bereits eingegriffen, zum Beispiel Israel, USA und auch Belgien. In Israel wurden die Inhaber großer Firmen für Binäre Optionen verhaftet, Kanada möchte die Binären Optionen und CFD Handel ganz verbieten. Zwei schwedische Opfer haben die Inhaber der Firmen bis nach Isreal verfolgt. Die beiden Zwillingsbrüder lebten immer zusammen, heirateten nicht, zahlten gemeinsam die Kosten und sparten ihr Leben lang. Sie hatten gute Jobs, verdienten Geld. 2016 fand ein Bruder durch Zufall eine Anzeige zum Thema Binäre Optionen. Eine nette Dame am Telefon überredet ihn zu investieren. Die Dame hatte einen Akzent, wenn sie englisch sprach, erzählte dem Schweden sie komme aus Griechenland. Dreißig Prozent Profit würde er mindestens machen in den ersten Monaten. Risiko gäbe es nicht, denn sein Konto sei versichert. Der Broker wäre registriert in England und es wäre alles ehr gut organisiert. Die Brüder investierten 100.000 Euro. Eines Tages war das Geld einfach weg, das Konto wurde geschlossen, Telefonate wurden nicht beantwortet. Die Brüder sind eigentlich schon längst Rentner, wollten das Geld ein wenig vermehren, um sich einen schönen Lebensabend zu machen, stattdessen haben sie jetzt nichts mehr, nur noch ihre Schulden. Weltweit sollten diese kriminellen Online Broker gestoppt werden, so auch der Premierminister von Israel. Trotzdem sind sie mehr und mehr aktiv, vor allem in Europa, weil hier die Gesetze so sind, dass sie einfach weitermachen können. Einer der schwedischen Brüder versuchte, die Hintermänner der Firma, die ihn betrogen hatte ausfindig zu machen. Die Mitarbeiter erzählten ihm, sie seien in London und sie nutzen falsche Namen. Tatsächlich aber waren sie in Tel Aviv, wie die meisten der online Broker. Er ging zum Israelischen Konsulat in Stockholm und bat um Hilfe. Hier aber konnte man nichts für ihm tun und auch die schwedischen Behörden waren nicht sehr hilfreich. Er entdeckte dann, das sein geld schon längst über Litauen und Prag verschwunden war. Die Banken dort konnten ihm aber nicht helfen.So suchte er Kontakt mit dem bekannten israelischen Anwalt Nimrod Assif, der sich seit Jahren intensic für die Online Broker einsetzt. Er konnte die richtigen Namen, Telefonnummern und Kontakte der Online Broker ausfindig machen, stellte dan aber fest, dass die Eigentümer die Firma schon längst verlassen hatten, so erzählten sie, sie waren aber noch im Register als Eigentümer eingetragen und Nimrod Assif erstellte eine offzielle Klage gegen die Eigentümer aber auch gegen das Verkaufspersonal und die Callcentermitarbeiter. Sie glauben oft, dass ihre Chefs sie beschützen, aber dem ist nicht so. Wenn es hart auf hart kommt, dann können sie ebenfalls bestraft werden mit Haftstrafen oder Bußgelder. Israel jedenfalls tut zur Zeit alles daran, die kriminellen Online Broker zu stoppen. Wichtig ist vor allem, dass Informationen geteilt werden, das die Branche öffentlich gemacht wird. Der schwedische Mann hatte dem Broker erzählt, dass er in Rente sei und das es sich bei dem eingesetzten Geld um die gesamten Ersparnisse handelte. Trotzdem wurde er übers Ohr gehauen. Die online Broker kennen keine Skrupel und keine Moral. Sie nehmen die Kunden aus ohne Gewissensbisse, ohne mit der Wimper zu zucken und ohne eine Sekunde über das Schicksal ihrer Opfer nachzudenken, das zeigen die Erfahrungen der vergangenen Jahre und die zahlreichen Geschichten der Opfer, die sich immer ähneln. Jetzt hoffen sehr viele Opfer in der ganzen Welt, das die israelischen Behörden ihnen helfen werden. Es ist ihre einzige Hoffnung, denn die Behörden in ihren

Heimatländern machen meist gar nichts. Eine Engländerin zahlte 250 Pfund ein, wollte ein bisschen Gewinn machen. Einige Monate später hatte sie 13.000 Pfund verloren. Schon einen Tag nachdem sie das Konto eröffnet hatte, waren die 250 Pfund verloren, danach wurde sie überredet mehr und mehr einzuzahlen, bis sie nichts mehr hatte. Zuerst zahlte sie 5000 Pfund ein und dann mehr und mehr bis alle ihre Ersparnisse investiert waren. Die Verkaufssprüche sind auch immer die gleichen. Es gäbe kein Risiko, die Einlagen seien versichert. Meistens sehen die Kunden auf ihrem Konto auch ganz andere Beträge als die, welche sie nachher ausbezahlt bekommen. Aus heiterem Himmel verschwinden tausende Pfund oder Euro, letztendlich können die Kunden Froh sein, wenn sie ein bisschen was abbuchen können.

Die Engländerin konnte ihr Geld nicht abbuchen, weil die Broker ihr am Telefon erzählten, sie hätte einen Bonus bekommen und deshalb müsse sie weitertraden. Ihr Konto wurde einfach eingefroren. Ein Kontakt war nicht mehr möglich. Sie fühlte sich dumm und traute sich kaum darüber zu reden. Die Menschen seien sehr professionell in ihrer Art Menschen zu betrügen. Sie versuchte alles um ihr Geld zurückzubekommen, bettelte und schrie aber nichts half. Sie versuchte auch bei ihrer Bank das Geld zurückzubekommen, aber auch das funktionierte nicht, weil die Bank stur blieb und sich auf ihre Vetragsbedingungen berief. Sie hatte das Geld selbst überwiesen. Die Online Broker hatten sie über das Ohr gehauen, aber für die Bank spielte das keine Rolle. Auch dies ist Praxis. Banken unternehmen wenig, weil die Kunden die Aufträge selbst ausgefüllt haben. Ich bin der Meinung, dass die Banken viel strenger kontrollieren sollten, wer sich tatsächlich hinter den Online Brokern versteckt, aber offensichtlich wird das zu wenig gemacht. Weltweit sind es zehntausende Menschen, die Opfer geworden sind und weiter werden von diesen Firmen. Binäre Optionen haben inzwischen weltweit einen schlechten Ruf und die meisten Firmen bieten diese erst gar nicht mehr an. Beliebter sind jetzt die sogenannten CFDs, Forex und der neue Markt der Cryptocurrencies. Dieser Markt ist hochspekulativ und eignet sich besonders für dubiose Geschäfte. Wir werden da in den nächsten Jahren noch einiges erleben. Die Produkte sind sehr riskant, man kann also viel Geld verlieren, auch wenn man mit einem seriösen Broker tradet. Das Problem ist aber nach Angaben der Behörden, die seit Jahren recherchieren, dass viel zu viele betrügerische Broker auf dem Markt sind. Diese sind allerdings so gut organisiert, dass es sehr schwierig ist sie zu stoppen. FBI, Europol, etc. versuchen seit Jahren etwas gegen die betrügerischen Broker zu unternehmen. Schliesst man einen, kommen zwei neue Webseiten auf den Markt. Einige Länder hatten wie gesagt die Nase voll und haben schlicht und einfach alle Online Broker mit over the counter Produkten verboten, so wie Belgien. In London gibt es nach Angaben von der dortigen Polizeibehörde täglich mindestens zwei Anzeigen. Dies ist nur die Spitze des Eisberges, denn viele Menschen erstatten nicht einmal Anzeige. Die wirklichen Firmen die dahinter stecken befinden sich im Ausland. Für viele Behörden haben die Online

Broker mehr mit Glücksspiel zu tun, als tatsächlich mit Investment. Bis jetzt hat es in Europa kaum ein Geschädigter geschafft in seinem eigenen Land einen Broker zu verurteilen oder sein Geld per Gerichtsbeschluß zurück zu bekommen. In England haben einige Anwälte versucht etwas zu erreichen. Aus der ganzen Welt melden sich dort Opfer bei den Abwälten. Inzwischen gibt es auch in Deutschland einige Anwälte die sehr aktiv sind und auch sie haben, so erklären sie, täglich neue Anfragen. Wer glaubt Opfer geworden zu sein, sollte sich ebenfalls melden, besser zu früh als zu spät. Die Verkaufsluete der Online Broker haben alles Tricks drauf Menschen zu belügen und dazu zu bringen mehr zu investieren. Sie versprechen garantierte Gewinne, Verluste könne man nicht machen. Sogar wenn es

Gerichtsurteile gibt, nach denen die Opfer ihre Gelder zurückbekommen sollen, ist es sehr schwierig tatsächlich an das Geld zu kommen. Die Firmenkonstruktionen sind dermaßen clever, dass die Gelder oft auf Konten stehen, die Firmen zum Beispiel in der Karibik gehören. Eine Firma hinter einer Firma, hinter einer Firma. Sogar das FBI hat Schwierigkeiten die wahren Gesichter hinter den Firmen zu ermitteln. Mit Absicht wird Verwirrung gestiftet und wer ermitteln möchte hat mit internationalen Gesetzen, Steuerparadiese etc. zu tun. Der Verkauf der Produkte wird oft ausgelagert bei anderen Firmen, die meist von Callcentern von Israel aus operieren. Manche Firmen haben zum Beispiel in Deutschland oder andere Länder kleine mobile Büros von wo aus zu Kunden werben. Diese werden dann später weitervermittelt an die Callcenter in Israel. Der Kunde merkt davon nur, dass er plötzlich einen anderen Kundenbetreuer hat. Dass er längst mit einem Callcenter in Israel telefoniert, weiss er nicht. Der Kunde wird genau beobachtet, auch über Google Maps. Bei neuen Kunden wird geschaut, wie viel man aus ihm rausholen kann. Es wird das Wohnhaus und es werden Hintergünde seines Verhaltens recherchiert. Wenn aus einem Kunden mehr rauszuholen ist, dann wir er weitergeleitet an einen erfahreneren Verkäufer, der noch mehr aus ihm rausholt. Er wird dann überredet Summen zu investieren von bis zu 100.000 Euro. Wenn der Kunde Geld überweisen möchte, dann wird das nicht funktionieren. Viele der Online Broker verstecken sich hinter IT oder Fintech Unternehmen. Behörden wissen manchmal nicht, dass es sich bei einigen um kriminelle Organisationen handelt. Manche Firmen konzentrieren sich auch auf andere große Firmen die dann bis zu 5 Millionen Euro investieren. Wenn ein Kunde Geld abholen möchte, also eine Überweisung machen möchte, dann ist das wichtigste Anliegen eines Verkäufers, das zu berhindern. Die Verkäufer bekommen kein festes Gehalt, sondern Zuschläge je nachdem wie erfolgreich sie sind. Wichtig ist vor allem, dass kein Kunde Geld abhebt. Geld, welches eingezhalt ist, muss im Unternehmen bleiben. Wer es schafft, dass Kunden ihr Geld nicht zurückbekommen, bekommt dafür einen Bonus. Es ist eine Killermentalität, die dazu gehört, Menschen bis auf den letzten Cent auszunehmen. Immer wieder allerdings plaudern ehemalige Mitarbeiter. Mit Hilfe dieser Menschen werden die Strukturen klar. Zur Zeit sind in Israel auch einige Mitarbeiter bereit zu reden. Viele haben aber angst, denn sie werden bedroht. Wer aussteigt muss den Mund halten, aonsonsten gibt es viel Repräsalien bishin zu körperlicher Gewalt. Wenn ein Kunde versucht, mit Hilfe von Anwälten oder selbst die Direktion zu sprechen, so funktioniert dies nicht. In der Öffentlichkeit treten die Inhaber der Firmen am liebsten nur positiv auf, geben Interviews, sie laden Geschäftskontakte ein und zeigen ein positives, freundliches und ehrliches Gesicht. In den USA sind die Online Broker die diese Produkte anbieten verboten. Banc de Binary hat im vergangenen Jahr 11 Millionen Dollar Strafe gezahlt, wegen illegaler Aktivitäten in den USA. Die Behörden dort handeln. Betrüge einen einzigen Amerikaner um einige Dollar und die gesamte

Industrie wird geschlossen. Action, not words !!!!! es gibt dort auch eine Liste mit zahlreichen Brokern, die weltweit Leute betrügen. Diese kann man einsehen im Internet. Auch in den USA arbeiteten die Broker mit derselben Masche. Dem Kunden wird versprochen, dass er sehr viel Gewinn mache, dass er einen völlig anderen Lebensstil haben werde, aber zuerst müsse er größere Summen einzahlen. Letztendlich wird er dann immer sein Geld verlieren, wenn er mit einem dr viele unseriösen Broker arbeitet. In der Öffentlichkeit allerdings haben die Online Broker immer die gleichen Sprüche parat.

„Wenn ein Kunde handelt und er verliert sein Geld, dann muss er dafür selbst die Verantwortung übernehmen. Es kann nicht so sein, dass der Broker dafür verantwortlich gemacht wird." Was nicht erzählt wird ist, dass in vielen Fällen die Sotware für jeden einzelnen Kunden manipuliert wird.

Der Kunde der Geld einzahlt muss davon ausgehen, dass er sein Geld nie mehr wiedersieht, denn es wird einfach gestohlen. Am Telefon wird vieles versprochen, letzt endlich aber wird es so gut wie nie eingehalten. Es ist dann der Zeitpunkt da, an dem der Kunde sich realisiert, dass er betrogen wurde. Was kann er machen ? Anzeige erstatten und versuchen zu kämpfen. Der Broker wird ab diesem Zeitpunkt nicht mehr erreichbar sein.

## VIII Spoofers und Marktbeeinflusser

In letzter Zeit ist häufiger der Begriff „spoofing" aufgetaucht – so etwa zuletzt in einem Statement der Börse in Shanghai, die die Konten des Hedgefonds Citadel (auf dessen Gehaltsliste übrigens der ehemalige Fed-Chef BenBernanke steht) wegen „spoofings" eingefroren hat. Was aber bedeutet „spoofing"?

Der Begriff stammt aus dem IT-Bereich und bedeutet „Täuschung", „Manipulation" oder auch „Verschleierung". Im IT-Bereich ist damit der Versuch gemeint, die eigene Identität zu verschleiern – etwa um Identifikationsverfahren zu umgehen (und sich damit unerkannt zum Beispiel in Netzwerke zu schleichen).

An den Märkten hingegen meint „spoofing" gewissermaßen die Vortäuschung falscher Tatsachen. Viele Trader orientieren sich nämlich am Orderbuch zum Beispiel einer Aktie, um zu sehen wo bzw. auf welchem Niveau größeres Kauf- oder Verkaufsinteresse besteht – in der Regel geht nämlich ein Markt dorthin, wo grössere Volumina abzuholen sind (weil das Umsatz und damit Kommissionen bringt). Indem nun ein „spoofer" eine größere Kauf- oder Verkaufsorder einstellt, täuscht er damit Interessen vor, die faktisch real jedoch gar nicht bestehen, weil die Order nach kurzer Zeit wieder gelöscht wird. Sieht also ein Trader, dass bei der Aktie A auf einem Niveau von 50 Euro ein großer Käufer in den Markt möchte, wird er dazu tendieren, sich an dieser großen Order zu orientieren und sein

Trading-verhalten danach auszurichten. Plötzlich aber ist diese große Order, die vorhin noch im Orderbuch sichtbar war, wieder weg – weil gelöscht. Damit hat der „spoofer" sein Ziel erreicht, weil der Kurs der Aktie A auf diese Order reagiert hat, indem viele Händler sich daran orientiert haben. Damit sind im Einzelfall nur kleine Gewinn für die „spoofer" zu erzielen, aber die Masse macht es dann doch lukrativ. High Frequency trading is ein wichiges und schwieriges Thema für Finanzanalysten und Wirtschaftswissenschaftler. Wer sich mit Copmuter Algorithmen auskennt hat ganz klar einen Vorteil am Markt, denn immer mehr Handel wird vom Menschen auf Computer übertragen. Folgender Artikel wurde von der BaFin veröffentlicht am 22.11.2012. Die Autorin ist Birgit Ortkemper. Ich habe ihn in der Originalversion hier veröffentlicht, also nicht übersetzte:

## High-frequency trading New rules for high-frequency trading

Birgit Ortkemper, BaFin

Date: 22.11.2012 07:46 PM

Electronic trading has become significantly more important in recent years. This trend is being driven by rapid enhancements to information technology and growing competition between financial centres.

Electronic trading increasingly uses programs in which a computer algorithm makes autonomous decisions according to predefined rules and determines, adapts and transmits the related order parameters in line with these rules (algorithmic trading). Some algorithmic trading programs are capable of generating, amending, or cancelling a large number of buy and sell orders within extremely short time intervals. This is referred to as high-frequency trading. As a rule, market participants engaging in high-frequency trading only enter into positions in financial instruments for a short time.

High-frequency trading has increased the speed and complexity of trading. This is associated with risks: for example, large order volumes may place a heavy burden on trading systems. Algorithms may also react to market events and trigger additional algorithms as a result, which may in turn trigger even more algorithms (cascade effect), leading to an increase in volatility.

In order to curb the potential risks associated with algorithmic high-frequency trading, the German federal government agreed on a draft High Frequency Trading Act (HFT Act) at the end of September. The Bundesrat and the Bundestag must still consider the draft before the final act is passed. This article provides an overview of the content of the planned requirements.

## High-frequency traders to be supervised

High-frequency traders who are currently not supervised by BaFin either as a credit institution or as a financial services institution will in future need authorisation from BaFin. To date, high-frequency traders were not subject to any authorisation requirement if they only traded financial instruments for their own account and did not provide financial services or conduct banking business.

The future authorisation requirement will apply not only to high-frequency traders who are admitted to trading on a trading venue as trading participants, but also to those firms to which trading participants grant direct electronic access to the trading venue. Direct electronic access exists when a trading participant allows another person to use its identification (trading ID) for directly and electronically transmitting orders to the trading venue. Unfiltered access in which the order does not pass through the trading participants' pre-trade controls is prohibited.

The authorisation requirement will be introduced as part of the planned expansion of the definition of proprietary trading in section 1 (1a) sentence 2 no. 4 of the German Banking Act *(Kreditwesengesetz – KWG)*. As long as a firm is domiciled in another EU or EEA member state and has approval there that includes trading on own account, it does not need any additional authorisation in Germany because of the European passport under the Markets in Financial Instruments Directive (MiFID).

## Effective system and risk controls

Under the draft act, investment services enterprises, asset management companies *(Kapitalanlagegesellschaften)* and self-managed investment stock corporations *(Investmentaktiengesellschaften)* engaged in algorithmic trading must structure their trading systems so that they do not disrupt the market. This will be required by section

33 of the revised German Securities Trading Act *(Wertpapierhandelsgesetz – WpHG)*. This section will also be referred to by section 9a of the German Investment Act *(Investmentgesetz – InvG)*, which will be amended correspondingly. Algorithmic trading is trading in financial instruments for which a computer algorithm automatically determines the specific order parameters. Order parameters are in particular the decision to initiate an order, its timing, price and quality, as well as how the order will be processed after entry with limited or no human involvement. Systems that are only used for routing orders to one or more trading venues or are used to confirm orders are excluded from the definition of algorithmic trading.

Firms engaged in algorithmic trading must ensure in particular that

- their trading systems are resilient, have sufficient capacity and are subject to appropriate trading thresholds and limits;
- no erroneous orders are transmitted and that the system's functioning in a way that may create or contribute to a disorderly market is prevented;
- their trading systems cannot be used for a purpose that violates market abuse regulations or trading venues' regulations.

The firms must additionally have in place effective business continuity arrangements to deal with unforeseen failures of the trading system. They must fully review and properly monitor their systems. Finally, they must document every modification of computer algorithms that they use in trading.

## Certain trade practices are market manipulation

Some trade practices that can be used in algorithmic trading have the potential to manipulate the market. The European Securities and Markets Authority (ESMA) published guidelines on systems and controls in an automated trading environment for trading platforms, investment firms and competent authorities in February 2012 in which it named, among others, the following cases giving rise to concerns:

- Quote stuffing: entering a large number of orders and/or cancellations/updates to orders so as to create uncertainty for other participants, slowing down their process and to camouflage their own strategy.

- Momentum ignition: entry of orders or a series of orders intended to start or exacerbate a trend, and to encourage other participants to accelerate or extend the trend in order to create an opportunity to unwind/open a position at a favourable price.

- Layering and Spoofing: submitting multiple orders often away from the touch on one side of the order book with the intention of executing a trade on the other side of the order book. Once that trade has taken place, the manipulative orders will be removed.

The Market Manipulation Definition Regulation (Marktmanipulations-Konkretisierungsverordnung – MaKonV) will explicitly state in future that certain trade practices executed using computer algorithms are to be viewed as market manipulation. It is irrelevant whether the strategy is executed by means of algorithmic or high-frequency trading. In accordance with section 3 (1) no. 4 of the new version of the MaKonV, purchase or sell orders can be an indication of false or misleading signals that are sent to a market by means of a computer algorithm and are not placed with the intention to trade, but rather in order to

- disrupt or delay the functioning of the trading system;

- make it difficult for third parties to identify genuine purchase or sell orders in the trading system; or
- create a false or misleading impression about the supply of or the demand for a financial instrument.

They may also indicate the fixing of an artificial price level.

## Trading venues must also have in place precautionary measures

Exchanges and multilateral trading facilities (MTFs) must have in place appropriate precautionary measures to ensure that exchange prices are orderly determined even in the event of significant price fluctuations. In Germany, some exchange rules and regulations already contain corresponding provisions, for example for briefly interrupting trading in the event of volatility, for switching the market model at short notice and for installing limit systems that require trading participants responsible for price fixing to comply with defined volume and price barriers. In future, these measures will be stipulated by law in section 24 of the German Exchange Act *(Börsengesetz – BörsG)*.

Exchange operators and MTF operators will also have to charge separate fees for excessive use of the trading venue systems, in particular if disproportionate amounts of orders are entered, changed, or cancelled. This planned amendment to section 17 of the BörsG and section 31f of the WpHG aims to reduce threats from high-frequency trading to system stability and market integrity. This is because high levels of rapid entries, changes to and cancellations of orders can strain the stock exchange infrastructure.

The law provides exchanges with discretionary leeway in how they structure the fees, in particular in order to reflect the interests of the trading participants responsible for fixing the prices. However, the fees must be structured in such a way as to effectively prevent excessive use of the systems and their negative impact on system stability.

## Order-to-trade ratio and minimum tick sizes

Furthermore, in accordance with the draft of a new section 26a of the BörsG, trading participants will be required to ensure an appropriate ratio between their order entries, modifications and cancellations, and trades that are actually executed (appropriate order-to-trade ratio). This also aims to prevent risks to orderly exchange trading. An order-to-trade ratio is deemed to be appropriate in particular if it is economically reasonable based on the liquidity of the financial instrument concerned, the specific market situation, or the function of the trading enterprise. The exchange rules and regulations must stipulate more detailed provisions on the appropriate order-to-trade ratio. In the case of MTFs, statutory orders can be issued to determine more detailed provisions on the amount of fees and an appropriate order-to-trade ratio.

Under the draft act, exchanges, MTFs and systematic internalisers will additionally have to set an appropriate level for the smallest possible price change (minimum tick size) for the financial instruments being traded. To this end, section 26a will be added to the BörsG and sections 31f and 32c of the WpHG will be correspondingly amended. The background to this rule is the trend towards increasingly small minimum tick sizes. The reduction in minimum tick sizes has led to orders being divided into progressively smaller orders due to the intensified activities of high-frequency traders. This is because high-frequency traders profit from even the smallest price fluctuations as a result of their large trading volumes. This has caused the order-to-trade ratio to increase. Furthermore, minimum tick sizes that are too small can have a negative effect on the price discovery process. When setting the appropriate minimum tick sizes, the relevant self-regulatory initiatives by the Federation of European Securities Exchanges (FESE), the relevant trading venue's market model and the composition of the trading participants can be taken into consideration.

## Electronic identification of algorithmic trading

When trading surveillance units monitor daily trading, they cannot discern whether or not a particular order was created by an algorithm. It is equally impossible to match individual orders to a particular trading algorithm if a trading participant uses multiple algorithms. However, a unique match is needed to exclude an algorithm that was incorrectly parameterised or programmed conclusively, quickly and without liability risks from exchange trading in order to prevent risks to the exchange infrastructure.

For this reason, the draft act seeks to expand section 16 (2) of the BörsG to introduce electronic identification for orders generated algorithmically (flagging).

## Supervisors' right to information

Finally, BaFin, exchange supervisory authorities and trading surveillance units will have a special right to information under the draft act in order to enable them to conduct better surveillance of firms engaged in algorithmic trading. Section 4 of the WpHG and section 3 of the BörsG will be correspondingly amended.

The supervisory authorities will be able in future to require information to be provided on algorithmic trading and the systems used for this trading. In particular, they will be able to require a description of the algorithmic trading strategies and the specifics of the trade parameters or the trade limits that the system is subject to. Exchange supervisory authorities can additionally prohibit the use of a specific algorithmic trading strategy if it violates exchange rules and regulations and instructions, or to remedy undesirable situations that could have an adverse effect on the orderly conduct of exchange trading.

## European and international developments

Germany is not the only country driving forward the regulation of high-frequency trading. At the European level, the

Commission has also made proposals for regulating high-frequency trading as part of the revision of the MiFID, in addition to the ESMA guidelines already mentioned above.

The International Organization of Securities Commissions (IOSCO) had already addressed electronic trading in October 2011. It published a report on the impact of technological changes on market integrity and efficiency on the basis of a G20 mandate.

- As a threshold matter, it is important to address the confusion and negative perceptions surrounding high-frequency trading, which has been the subject of endless debate. High-frequency trading is simply the use of predetermined computer algorithms (as opposed to a human) to execute trades. HFT is a *methodology* for trading. It isn't a trading strategy. Some excellent trading strategies employ HFT, as do some exceedingly bad ones. Overall, most strategies that rely on algorithmic trading, including those that use HFT, increase market efficiency -- and they often benefit the market by adding liquidity.

• There are, however, some trading strategies that use HFT in a manner that is disruptive and costly to humans trying to conduct real business in the markets. The most notable, and perhaps the most harmful, of these is what market players loosely call "front-running." A <u>front-runner</u> profits by gleaning the intentions of legitimate market participants and jumping in front of their orders, thereby causing the original traders to buy or sell at a less favorable price. In my years running a hedge fund, I witnessed firsthand the effects of front-running. As more and more trading shifted from humans to algorithms, the amount of front-running, and the corresponding market disruption, increased dramatically. To limit the effect of front-running on my firm, I spent millions of dollars developing a proprietary order-entry system to disguise and conceal strategies from external algorithms. But most market participants don't have those resources or knowledge of market intricacies. They have no way to neutralize the front-runner.

- Enter the spoofer. This person seeks to outsmart the front-running HFT algorithms. Take the example of Michael Coscia of Panther Energy Trading, one of the alleged spoofers indicted by the federal government last week. Coscia is accused of designing an algorithm that would enter two types of orders: a "buy" order for a small volume slightly lower than the best offer and then several "sell" orders for large volume higher than the market price. The front-running algorithms are designed to look for any sizable interest in trading and front-run that order. In this case, once the HFT algorithm detected the large volume on offer, it sent sell orders to the exchange, fulfilling Coscia's buy order. Coscia's sell order was then terminated and the process reversed, with the newly purchased lots offered for sale at a slightly higher price, intending to trick the front-running algorithms into buying them.

- Front-running is profitable against traditional orders entered by humans. But with spoofers in the mix, the picture looks quite different: When the front-running HFT algorithm jumps ahead of a spoof order, the front-runner gets fooled and loses money. The HFT's front-running algorithm can't easily distinguish between legitimate orders and spoofs. Suddenly the front-runner faces real market risk and makes the rational choice to do less front-running.

In short, spoofing poses the risk of making front-running unprofitable. Because spoofing is only profitable if front-running exists, allowing both would ensure that neither is widespread.

- Clear thinking from leading voices in business, economics, politics, foreign affairs, culture, and more.

- Regulators have never described how spoofing harms market integrity or even legitimate traders. Instead, they condemn the practice because it involves deception (namely, entering orders that the spoofer never intends to fill) and summarily conclude that this deception is *de facto* harmful, without considering the broader context or its true consequence to the market. The battles between spoofers and front-runners are games being played between one computer and another in a tenth the time that it takes the human eye to blink. No human can see these trades, much less react to them in real time. The only party that is touched by the spoofer's deception is the front-running HFT, whose strategies are harmful to every other market participant.

- Anti-spoofing regulations not only fail to safeguard the integrity of the market; they exacerbate the very market instability that lawmakers sought to remedy by enacting the prohibitions in the first place. If front-running is allowed to exist, spoofing is its best remedy.

What you just saw was buying and selling in the market for futures based on the U.S. government's 10-year Treasury bond, which trades on the Chicago Board of Trade. This is where the spoofing alleged in HTG's lawsuit took place. In that minute, orders were modified or executed more than 5,000 times.

The data comes from Vertex Analytics, which has exclusive access to the Board of Trade's feed, so what you are looking at is not a simulation; it's actually what happened on December 6, 2013, the day in question.

While there have always been ways to cheat the system, the rise of computerized trading has made manipulation more of a threat as markets around the world are linked in ways they never were before. The speed and sophistication of cheaters have also increased with electronic trading, which is posing a challenge to regulators. Futures trading today mostly involves one computer trading against another computer. That's where the spoofer comes in.

A federal judge in Chicago is expected to rule soon on a high-profile spoofing case. Brought by local firm HTG Capital Partners, the lawsuit seeks to compel the owner of the Chicago Board of Trade to identify those behind thousands of trades that, the company alleges, manipulated the U.S. Treasury futures market.

Spoofing is when a trader enters deceptive orders that trick the rest of the market into thinking there's more demand to buy or sell than there actually is. Spoofers make money by pushing the market up or down in tiny increments, allowing them to buy at a low price and sell when the price goes back up, or the other way around. When repeated hundreds or thousands of times in the space of a few minutes, all those small transactions add up.

Spoofing has been getting a lot of attention in the news lately. Earlier this year, Navinder Sarao was arrested in London and accused of spoofing from 2009 to 2014 — including allegations he contributed to the frightening May 2010 "flash crash" in U.S. stocks. In July, Chinese officials said they thought they detected 24 instances of spoofing as shares on the Shanghai and Shenzhen stock exchanges plummeted.

In today's computerized markets it can be extremely difficult to catch a spoofer amid the deluge of daily trades.

The trading on the CME Group's Chicago Board of Trade is anonymous and organized in an order book like the one seen here. It shows the best prices to buy or sell near the last traded price. The total number of bid and ask offers at each price indicates where the demand is.

It takes a practiced eye to catch a spoofer in that maelstrom. Regulators or high-frequency trading competitors like HTG look for irregular patterns of behavior. There are several types of spoofing, but in the HTG case, what's alleged is a three-stage process.
The first stage is called the build-up. The spoofer places many phantom orders to sell—

orders the spoofer doesn't intend to make good on. Honest traders are tricked into following suit and enter sell orders on the expectation that prices will fall and they can buy back the contracts for a profit.

The spoofer then cancels all the fake orders in the second phase.

In the third phase, called the sweep, the spoofer enters a large buy order. That leaves the honest part of the market having sold contracts as prices are rising, not falling. As the honest traders—their computers, actually—scramble to reverse their trades, the spoofer is waiting to sell them contracts at a profit.

Of course, honest traders change their minds all the time and cancel orders as economic conditions change. That's not illegal. To demonstrate spoofing, prosecutors or regulators must show the trader entered orders he never intended to execute. That's a high burden of proof in any market.

In its lawsuit, HTG produced a list of 6,960 other instances where it believes it was tricked by alleged spoofers in 2013 and 2014. The case now hinges on whether the court will demand to know who was on the other side of those transactions.

## IX Email eines Opfers an den Israelischen Premier

Shalom Mr. Netanyahu, allow me to introduce myself. My name is Marion de Vries; I am from Holland, I live near Amsterdam, in the city of Hilversum. I am a woman in her seventies, sounds quite old when I say that. Mr. Netanyahu, I took the liberty of writing a letter to you about the terrible practices of Binary Options and it seems that you are the only one who can do something about it.

Like many, many people, I am a victim of this fraud; I lost 70.000 euros with two companies. I am now busy with the last company with a lawyer, if that is successful, I will start with the first one.

This story is about a Binary Options company named BSDoptions and about two guys named

Jake Lewis, the broker. And David Coleman. Not their real names of course. David Coleman claims to be a lawyer.

I lost 30.000 with BSD, and it started with 250 euros. Actually, I just had lost about 50.000, and I was devastated when I came across an advertisement by BSD. There was a promise to help me if I had lost money with other companies, I was willing to try one time with 250 euros. They connected me with a broker, JakeLewis. But believe me, you can't get out anymore, I have a right to claim my money, and they have to pay it back, but it is impossible.

To make a long story short, I lost all 30.000 with this company, and it was practically all I had.

You know Mr. Netanyahu, I love Israel. I've been there many times when I was young, and I have such good memories. My grandfather, who was a famous professor of mathematics, married a French Jewish teacher and they lived for many years in Benyaminah, a moshava, I am sure you know that place. I went there practically every summer vacation and fell in love there for the first time of my life. It didn't work out, but the memories are sweet. I am telling because I love Israel and it is on my list to visit this place with so many memories. But I don't think that will happen as Jake Lewis took all my money. What bothers me a lot that people think I must be stupid to let this happen. No, I don't care about what people think, the disappointment of my children, I care about that the most.

But as you probably know the way they operate is unbelievable ugly, once you're in their claws, they won't let go of you until you have lost all your money. As you probably know some people committed suicide. These guys are not afraid of anything except one thing. That you find out their real name. Why that is, I don't know.

Mr. Netanyahu, Israel should not have such frauds, your country has fought too many battles to tolerate this. You know, don't you, that the money is used to buy weapons, drugs, and other ugly things, It is even said that there are connections between Binary Options and the Knesseth and that's why nothing has been done about it. Do you agree on this mr. Netanyahu? I hope not.

30.000 euro is not that much money but for me, it makes a big, big difference and it would help me a lot to get it back. I will not bore you with my story and how I can use the money. It makes the difference between a good life and surviving my life. Can you help me? I really would like to make my probable last trip to Israel. I understand that I've been an easy target with my age and being a widow and believing in the goodness of people. I would like to tell you a whole lot more, but I won't take up more of your time.One last thing, are you aware of the fact that the people in this industry are psychologically trained to cheat you, to deliberately mislead you. Imagine that you are trained to cheat people!

I used to feel so guilty for experiencing this, and while I know that I should never have started this, it was a nightmare that I couldn't get out! When I heard how they manipulated the people I understand the psychological game. Every time they make you believe that if you give money, my problem will be solved. And they make the payments you have to give, BIG, like 15000. It is most important not to underestimate that part of it. There is NO CHOICE, and if you manage to get out, they will close your account, you cannot get to your money! If that isn't a criminal act!!

As you know, money is just a bunch of paper. It is nothing, the stories attached to the money mean everything and the stories attached tot this money are all bad, especially for your country.

Mr. Jake Lewis and Mr. David Coleman are cheaters and imposters. We finally found information on the internet about them; it seems they are long time criminals together with lotteries, dating sites, white money laundering, etc. They belong behind bars!!.

They are only afraid of one thing, that is that you find out their real name.

Dear mr. Netanyahu, I hope you read all this and that I didn't bore you. If you need me to come to Israel, I will find a way. To darraba, Marion ......

## XX Ein neues Gesetz und die Zukunft dieser Industrie – FinTech und anderes

Es ist einer von vielen Briefen an den Premier. Hat es eine Rolle gespielt, dass so viele Geschädigte Briefe und Emails an Netanjahu geschrieben haben ? Jedenfalls wurde zwei Wochen nachdem einige niederländische und deutsche Geschädigte Emails an Netanjahu geschickt hatten, und zwar sehr viele, im Kabinet ein neuer Gesetzesentwurf vorgelegt. Der Entwurf, der noch vom Knesset verabschiedet werden muss, beinhaltet, dass die gesamte Industrie der Binären Optionen in Israel – ein Milliardengeschäft – gestoppt werden soll. Korrupte, kriminelle in Israel beheimatete Unternehmen, die weltweit hunderttausende, wenn nicht Millionen Menschen betrügen, sollen endlich geschlossen werden. Aber noch ist es nicht so weit. Das vorgesehene Gesetz muss noch zum Knesset für eine erste Lesung und dann wird im Finanzkommitee debatiert, danach gibt es eine zweite und eine dritte Lesung. Trotzdem zeigten sich der Israel Securities Authority Chairman Shmuel Hauser und die Behörden Staatsanwalt und Justizministerium sehr erfreut und zufrieden. Es wurde nochmals Nachruck darauf gelegt, dass weltweit Bürger einen schlimmen wirtschaftlichen Verlust und Schaden leiden würden, gleichzeitig aber auch die Anbieter dieser Binären Optionen Israel und seinem guten Ruf einen großen Schaden zufügen würden, Anti- Semitismus und Anti-Israelische Gefühle würden geschürt, so erklärte Shmuel Hauser im Anschluss an den angenommenen Gesetzesentwurf. Jetzt muss der Gesetzesentwurf durch alle Instanzen und zum Gesetz verabschiedet werden. Danach gibt es eine drei monatige Übergangszeit und dann können die Israelischen Sicherheitsbehörden und Finanzaufsichtsbehörden eingreifen, wenn Jemand von Israel aus noch Binäre Optionen irgendwo in der Welt anbieten sollte. Die korrupten Firmen beschäftigen zur Zeit tausende Israelis in Callcentern zum Beispiel in Tel Aviv. Sie werden sich eine Alternative suchen, dass steht wohl fest. Am 18. Juni 2017 wurde der Entwurf vorgestellt. Israel ist sehr aktiv, damit das Image von Israel in der Welt nicht mehr mit dieser Industrie in Verbindung gebracht wird. Letztendlich sollen die Betrüger weltweit verbannt werden. Israel hat gehandelt, weil andere Länder nichts gegen den Betrug unternehmen. Unschuldige Menschen werden weltweit ausgenommen, jeden Tag und verlieren ihr Geld und damit oft ihre Existenz. Der leitende Staatsanwalt Avichai Mandelblit hat erklärt, er sei sehr froh über das Ergebnis, dass jetzt endlich etwas unternommen werde. Schon in der Vergangenheit habe er alles was in seiner Macht liege unternommen, damit die Kriminellen hinter den Platformen gestoppt würden. In der ganzen Welt schauen Staatsanwälte und Polizeikommissare zur Zeit nach Israel. Sie sind froh, wenn endlich etwas geschieht. „Die Welt wacht endlich auf um diesen Betrug, zu stoppen. Regierungen, Finanzaufsichtsbehörden, Kreditkartenunternehmen und Social Media Firmen weltweit arbeiten zusammen um Menschen endlich zu schützen. Desto aktiver Israel ist, um die Firmen aus Israel zu bannen, desto aktiver sind die Firmen in Europa, wo sie neue Nischen entdecken und Schlupflöcher nutzen. Auch der israelische Finanzminister unterstützt das Gesetz. Wichtig in dem Zusammenhang ist vor allem auch die Times of Israel und die Journalistin Simona Weinglass. Sie berichtet seit über einem Jahr regelmässig über diese kriminelle Industrie in Israel. Sie hat viele, viele Recherchen geführt und vieles aufgedeckt. Dank ihrer Arbeit wissen die Behörden jetzt vieles, welche Informationen sie vor gut einem Jahr nicht hatten. Eine investigative Journalistin, die die Augen öffnet und die mit ihrer Arbeit die Welt ein bisschen besser macht. Dank ihrer Arbeit hat die israelische Regierung vor gut einem Jahr Israelis verboten zu traden. Ein erster Schritt im eigenen Land, den man zügig nehmen konnte. Jetzt geht es an ein umfangreichers Verbot der Online Broker

Callcenter im eigenen Land. Der Leiter der Finanzaufsichtsbehörde berichtet über tausende Beschwerden von Bürgern aus der ganzen Welt. Sie würden Anti-Semitismus in der ganzen Welt fördern. Es gab mehrere Treffen von Behörden u.a. aus den USA, Kanada, Belgien, Frankreich etc. und alle würden das gleiche sagen: ihr müsst sehr, sehr schnell etwas unternehmen. Es gab auch mehrere Selbstmore wegen dem Totalverlust der Ersparnisse. Bekannt sind welche in Kanada und Sardinien. Viele sind vielleicht nicht einmal bekannt. Apple ist eine der ersten Firmen, die die Werbung für Online Broker auf ihrer Seite verboten hat. Das FBI warnt seit geraumer Zeit an prominenter Stelle auf ihrer Webseite.

Wenn das Gesetz durchkommt, dass würde jeder der sich nicht daran hält

Gefängnisstrafen von bis zu zwei Jahren riskieren. Nach Angaben der Behörden würden zwischen 5 und 10 Milliarden Dollar jedes Jahr nach Israel fliessen, es soll in Israel etwa 100 Firmen geben, die zwischen 5000 und zehntausende Mitarbeiter beschäftigen. In letzter Zeit ist die Israelische Polizei aktiver hinsichtlich der Aktionen der Broker. Eliran Saada ein Eigentümer einer solchen Firma wurde erst vor kurzem festgenommen, wegen Betrug, falsche Versprechungen, Erpressung, falsche Kontenangaben und Kursmanipulation. Mehrere Firmen sollen Israel bereits verlassen haben. Sie sind derzeit damit beschäftigt neue Geschäftszentren in Europa aufzubauen, so Behördensprecher.

IronFX ist einer der Online Broker, die mehrmals mit ihren Geschäftspraktiken aufgefallen sind. Nach wie vor sind sie sehr aktiv und versprechen hohe Bonusse. Nach Angaben von mehreren Rechtsanwälten schuldet der Broker seinen Kunden etwa 176 Millionen Dollar. Trotzdem passiert in Europa so gut wie gar nichts. Vor dem Europäischen Parlament haben mehrere Geschädigte ihre Geschichte erzählt. Auch ich habe mehrere Geschädigte dieser Firma als Fans meines Youtubechannels gamesoftruth. In Zypern geschieht bis jetzt wenig. Die Werbung von IronFX ist sehr prominent überall im Internet zu sehen. Wie kann es sein, dass eine solche Firma jeden Tag weitere Opfer machen kann ? Es ist für Bürger kaum zu verstehen und es macht einem auch irgendwo wütend. Vor allem die Geschädigte müssen platzen vor Wut. Es ist eine hilflose Wut, denn es geschieht offensichtlich nichts, die Bürger wurden betrogen und die Behörden lassen es zu. Viele der Opfer, die sich bei mir gemeldet haben sind böse aber auch sehr enttäuscht und man fühlt ihren Schmerz in jedem Wort, welches sie als Kommentar schreiben.

Die Online Brokerindustrie ist aktiver als je zuvor. Das FXTrading auf MetaTrader 4 Plattformen ist zugeschnitten für „kleine" Trader mit „kleinen" Summen und wenig Erfahrung. Unter kleinen Summen werden Summen bis ca. 1 Million Dollar verstanden. Der Durchschnitt verliert ca 20.000 bis 30.000 Dollar auf den betrügerischen Plattformen. Es ist sehr im Interesse der Behörden,aber auch der korrekten Firmen, dass die betrügerischen Online Broker schnell gestoppt werden. In der Hinsicht funktiniert MiFID kaum so wie es sollte. Die Kriminellen nutzen die Lücken zu ihrem Vorteil. MiFID spezifiziert sehr genau wie die

Verbrauchertradingsysteme kontruiert sein müssen. Es wird auch sehr genau formuliert, welche elektronischen Tradingplattformen Werbung machen dürfen und wie. Im Januar 2018 soll es MiFID II geben, dann soll es besser werden. Aber was genau wird besser ? Aufgrund von Brexit werden viele Broker sich mehr auf Deutschland konzentrieren. Deutschland ist das neue Paradies für Fintech Unternehmen. Viele werden ihre Brokerages auslagern nach Zypern. Das bedeutet, für die Kunden, dass sie nach wie vor unter das zypriotische Aufsichtsgesetz fallen und dort auch im Zweifel klagen müssen. Die britischen Firmen haben weit mehr Erfahrung als diejenigen auf dem Europäischen Festland. Sie bringen ihre Erfahrungen, ihre Cleverness mit und könnten für ganz neue Probleme sorgen, so die Behörden. In Zypern gibt es zur Zeit nach Angaben der Finanzaufsichtsbehörden fast zweihundert Online Broker, die dort registriert sind. Die meisten haben dort nicht einmal ein Büro. Trotzdem sorgen sie für viel Arbeit und Geld, welches nach Zypern fliesst, denn sie beschäftigen Anwälte, Consultants, sie organisieren dort große Forexmessen und zahlen dort Provisionen, gebühren etc. Die Industrie in Zypern ist dort sehr schnell bewachsen. Die kleine Insel wurde zur weltweiten Drehscheibe für Online Broker. Das ganze ist Geschehen in etwa sechs Jahren. Eine bemerkenswerte Entwicklung. Die Finanzaufsichtsbehörden sind in dieser Zeit kaum mitgewachsen. Es ist wohl die einzige Region in der Welt, in der sich fast alles um diese Online Brokerindustrie dreht. Wer hier registriert ist, hat Zugang zum gesamten Europäischen Markt. Ein großer Vorteil.

Gleichzeitig klebt der Vorwurf der „Korruption" an den dortigen Behörden. Immer wieder tauchen von Finanzaufsichtsbehörden, Anwälten und auch von Geschädigten solche Vorwürfe auf. Sind die Behörden dort überfordert oder stimmen diese Anschuldigungen? Sogar das Europäische Parlament hebt die Augenbrauchen. Wo etwas unternommen werden sollte, geschieht rein gar nichts. Geschädigte bekommen ihr Geld einfach nicht zurück, auch wenn offensichtlich ist, dass manche Broker alle Regeln verletzt haben. Auch hier mus schnell etwas unternommen werden, damit nicht noch mehr Kunden betrogen werden und die ganze Industrie noch mehr einen schlechten Ruf bekommt, den si eohnehin schon hat. Nach Angaben der ESMA sei Zypern das einzige Land auf ihrer

Liste, welches Bechwerden gegen Europäische Aufsichtsregeln nicht einhält. Die gesamte FX Industrie ist durchwachsen von solchen Firmen, die in Europa aktiv sind, dort Kunden betrügen, auch kriminelle Hintergründe haben und trotzdem in Zypern eine Lizenz bekommen und mit dieser Lizenz völlig legal ihre krummen Geschäfte in Europa abwickeln. Nach Angaben der ESMA sei ees nicht schwer in Zypern eine Lizenz zu bekommen. Zwar gibt es dort die gleichen Voraussetzungen wie in anderen Europischen Ländern, doch würden diese ganz anders ausgelegt und überwacht. Die Cysec unternimmt so gut wie gar nichts gegen betrügerische Online Broker. Ich war beim Europäischen Parlaent in Brüssel mit mehreren Geschädigten u.a. von IronFX. Behörden aus Zypern waren auch vor Ort und es war kaum vorstellbar, wie dort mit den Klagen der Menschen umgegangen wurde. Man kann sich die Debatte im Internet anschauen auf der Facebookseite der Gruppe Online Investors Rights. Diese Gruppe setzt sich ein für Geschädigte und versucht etwas zu bewirken durch Aufklärung aber auch gezielte Aktionen. Von Zypern aus werden Kunden täglich betrogen, ohne dass solchen Online Brokern etwas geschieht. Weshalb lässt Zpyern und vor allem die CySec dies zu ? In anderen Ländern/ Kontinenten wäre dies absolut nicht möglich. USA hat die ganze Industrie dicht gemacht. In Australien und Kanada sind die Überwachungen viel, viel strenger. Das schlimmste was einem Broker in Zypern geschen kann ist ein Lizenzentszug. Dann aber gründet er eine neue Firma und beantragt eine neue Lizenz. IronFX aber hat seine Lizenz noch bis heute, obwohl es hunderte Geschädigte überall in der Welt gibt. Es gab auch einen Skandal wegen IronFX in China. Dort haben tausende Geschädigte sich zusammengetan und die Büros gestürmt, sowie Medienkampagnen gestartet. In Europa hat man davon nur wenig mitbekommen. In China wurde versucht, zwei Führungsmitglieder von IronFX vor Gericht zu verurteilen. Das Europäische Parlament hat dem Unternehmen betrügerische Absichten bestätigt. Passiert ist trotzdem wenig. IronFX ist sehr aktiv auf dem Markt, macht viel Werbung und hat offensichtlich gut zu tun. Das Internet ist voller Werbung für IronFX. Gleichzeitig tauchen auf verschiedenen Seiten von Selbsthilfegruppen Warnungen auf. Viele warnen vor IronFX, aber offensichtlich sind die wertlos und die Firma ist nach wie vor aktiv. Schon seit geraumer Zeit versuchen

Finanzaufsichtsbehörden die Vergabe von einem Bonus an Kunden zu verbieten, doch bis jetzt hat das nicht funktioniert. Im Gegenteil. Nach Angaben von ESMA gibt es immer mehr Firmen, die aktiv sind und auch immer mehr Beschwerden. Inzwischen warnt auch ESMA ausdrücklich auf ihrer Seite vor betrügerischen Online Brokern, von denen es immer mehr gibt. Es ist ein sehr interessanter Markt mit hohen Wachstumsraten. Ich habe ausführlich mit ESMA gesprochen und für die Behörde steht fest, dass sie sich sorgen macht, da diese Firmen immer agressiver den Markt erobern. Die FinTech Industry ist sehr umfangreich und beinhaltet viel Start Up Unternehmen. Die Online Broker nutzen dies und nutzen gleichzeitig die Naivität ihrer Kunden aus. Die meisten der Kunden haben kaum eine Ahnung auf was sie sich einlassen, darüber sorgt sich auch die ESMA. Die Produkte werden über Werbung im Internet angeboten, es werden hohe Gewinne versprochen, wer ein Konto eröffnet bekommt oft einen Bonus, der Kunde hat keine Ahnung. Geschichten von Millionären, die mit hundert Euro angefangen haben und jetzt in der Karbik leben werden als Beispiele gezeigt. Die Realität sieht ganz anders aus. Nach Angaben von Wirtschaftsprofessoren müssten die Finanzaufsichtsbehörden viel strenger auftreten und viel genauer hinschauen, denn hinter vielen Firmen verstecke sich nicht das, was sie versprechen würden. Clevere Konstruktionen wären auch für die Finanzaufsichtsbehörden oft nur mit langer Recherche und vielen Telefonaten und Emails zu erfahren. Die ESMA hat bedenken, weil es Produkte sind, die hochspekulativ sind und sehr riskant und viele Menschen würden diese Produkte gar nicht verstehen und das Risiko gar nicht einschätzen können. Die Produkte würden angeboten ohne Beratung. Hohe Verluste seien oft nicht zu vermeiden und oft würden die Broker Verluste auch herbeiführen. ESMA arbeitet gemeinsam mit anderen Europäischen Finanzaufsichtsbehörden daran, die Rahmenbedingungen für Bürger zu verbessern. Manche Broker halten sich auch nicht an alle Bedingungen. Die Finanzaufsichtsbehörden in Zypern CySec hat Vergleiche getroffen mit Depaho, Reliantco, IronFX Global, WGM Services, Pegase Capital, Rodeler, Banc de Binary und Ouroboros Derivatives Trading – insgesamt EUR 2,072,000. In Zypern werden von den Finanzaufsichtsbehörden und vom

Ombudsman manchmal Entscheidungen getroffen, die für Kunden schwer nachvollziehbar sind. Einer der Broker, wo viele Kunden gegen klagen ist IronFX, ein Broker der schon oft aufgefallen ist und üner den sich tausende Kunden in ganz Europa beschweren. Manche haben hunderttausende Euro verloren. Auch in China gibt es tausende Menschen die ihr Geld mit diesem Broker verloren haben.

Nach Angaben von Anwälten hat IronFX 1,6 Millionen Euro Steuergelder zu zahlen und 176 Millionen Euro weltweit an Kundengelder. Trotzdem ist der Broker weiterhin aktiv und geht seinen Geschäften ganz normal nach. Insgesamt soll es etwa 1700 Beschwerden geben gegen IronFX. Die Firma und die Behörden erklären allerdings, die meisten dieser Beschwerden seien falsch, doppelt oder Produkte einer organisierten Kampagne gegen diesen Broker. Es sollen aber mehr als 1500 Kunden eine offizielle Beschwerde gegen IronFX ausgefüllt haben, einige haben sogar eine Petition vor dem Europäischen Gerichtshof eingereicht. Bis jetzt wurde wenig erreicht. Es soll jetzt dreihundert Urteile gegeben haben, sie wurden allerdings bicht veröffentlicht. Die Zeitschrift FinanceFeeds hat über die institutionalisierte Korruption der CySec berichtet und darüber, dass ein eigener IronFX Rechtsanwalt die Beschwerden der Kunden behandelte. Ein klarer Interessenkonflikt. Gleichzeitig hat der Europäische Ombudsman entschieden, dass es eine Entscheidung geben müsse zu einer Beschwerde eines Ungarischen Kunden gegen

ESMA, weil sie nicht unternehme gegen CySEC. Der Hintergrund dieser Entscheidung ist vor allem interessant, weil es eine öffentlichkeit verursacht. Immer mehr Menschen in Europa wissen inzwischen was los ist. ESMA muss etwas unternehmen gegen CySEC, so der Europäische Ombudsman. Inzwischen hat CySEC eine Entscheidung getroffen gegen 300 Kunden. Es gibt tatsächlich die Möglichkeit für Europäische Kunden in ihrem eigenen Land ein Gerichtsverfahren zu beginnen und auch zu gewinnen, allerdings ist die Frage, woher man dann das Geld bekommt. Immer mehr Anwälte konzentrieren sich auch auf dieses Fachgebiet. Besonders gefordert sind vor allem die Finanzaufsichtsbehörden in Europa, allen voran die ESMA. Die Zahl der Beschwerden häufen sich von Tag zu Tag. Die

Online Broker werden immer raffinierter, darin Konstruktionen aufzubauen, hinter denen sich die tatsächlichen Eigentümer verstecken. Die Behörden sollten hier wesentlich genauer hinschauen, doch oft fehlt auch das Personal dazu. Die gesamte FX Industrie ist durchwachsen. Das Problem mit den zypriotischen Finanzaufsichtsbehörden scheint nach Ansicht von Experten zu sein, dass sie zu oft im Sinne der Broker entscheiden. Der Hinweis „abusive trading" der es den Brokern erlaubt ohne weitere Angabe von Gründen ein Konto mitsamt des Guthabens einzufrieren würde zu oft angewandt und von den Behörden kritiklos übernommen. Zahlreiche Anleger haben Schreiben von den Behörden erhalten, in denen das sogenannte „abusive trading" ihnen vorgeworfen wurde. Dieses Vorgehen lässt vermuten, dass es keine echte Regelung gibt, die die Kunden dort schützen kann. Oft wäre es so, dass der Ombudsman die Profite des Kunden nicht akzeptiert, weil der Broker mitgetielt hat, dass der Kunde „abusive trading" machen würde. Nach dem Europäischen Gesetz müssen Geschäftsbedingungen fair sein. Unfaire Bedingungen dürfen im Vertrag nicht enthalten sein. Es gibt zahlreiche Unterlagen, die verschiedenen Parteien, darunter auch Anwälte vorliegen, die belegen, dass in bestimmten Fällen vom Broker keinerlei Beweis zu diesem sogenannten „abusive trading" vorgelegt werden konnte. Der Ombudsmann sollte immer den Beweis beachten, aber dies geschehe oft nicht, so ein Anwalt, der als Insider der Branche gilt. Die Zypriotischen Behörden sollten Kunden schützen, aber das Gegenteil ist der Fall. Die Behörden schützen die Broker und nicht die Kunden in vielen Fällen. Offensichtlich haben die Behörden großes Interesse daran, dass die Broker ihre Tätigkeiten auf der Insel nicht einstellen und auch so gut wie nie Strafen bekommen. Die Zusammenhänge und Seilschaften auf der Insel sind jedenfalls hinlänglich bekannt. So kann es passieren, dass die Finanzaufsichtsbehörde bei einem Anwalt eine unabhängige Untersuchung in Auftrag gibt, nach einem bestimmten Broker und dieser Anwalt ist gleichzeitig der Anwalt des Brokers. Einige Anwälte sind auch im Vorstand der Broker, andere beschäftigen ihre Verwandten bei den Aufsichtsbehörden. Unterlagen dazu liegen mir vor. Ein Interessenkonflikt ist da sicher vorhanden. So kann es passieren, dass Broker jahrelang ihre

Kunden um ihr Geld betrügen, Konten sperren, Gelder nicht zurückzahlen, Kurse manipulieren und das alles ohne, dass ihnen etwas geschieht., ja sogar ohne, dass sie dicht gemacht werden. Sogar die Vorsitzende des Europäischen Parlaments, wo einige Geschädigte verschiedener Broker sich meldeten, konnte es kaum verstehen, dass so etwas möglich ist. Jeder Finanzexperte sollte sich eigentlich wundern, wie so etwas möglich ist. Jahrelange betrügen manche Broker aus Zypern ihre Kunden und haben immer noch ihre Lizenz. In Zypern sind übrigens keine Sammelklagen gegen Broker möglich. Manche Anwaltskanzleien werben damit, dass sie solche gerade vorbereiten. Da sollte man allerdings sehr vorsichtig sein, denn bis jetzt ist das nicht möglich in Zypern und der Kunde verliert womöglich noch mehr Geld. Es ist kaum zu fassen, dass die Behörden bei den Brokern so gut wie nie eingreifen. Einige Kunden von Brokern haben die Zypriotischen Behörden schon offiziell beschuldigt, die Beschwerden der Kunden nicht zu berücksichtigen. Sie würden sich von der Lobby der Broker beinflussen lassen. Über manche Broker gibt es tausende Beschwerden, so ein Anwalt. Die würden aber kaum etwas bewirken. Viele Kunden sind gleichzeitig in einer Situation, in der sie kaum mehr finanzielle Möglichkeiten haben sich von einem guten Anwalt vertreten zu lassen. Die Industrie der Online Broker wächst indessen weiter und weiter und wird immer stärker. Zur Zeit ist der Europäische Markt besonders beliebt. Das große Problem ist aber auch, dass die Finanzaufsichtsbehörden in Europa keine direkten Befugnisse haben einen Broker die

Lizenz zu entnehmen. Das ist in den USA und in Australien anders. Zypern beaufsichtigt mehr als 80 Prozent des gesamten FX Marktes in Europa und es gibt täglich mehr Beschwerden zu diesen Firmen.

Weshalb arbeiten Kreditkartenunternehmen und Banken immer noch mit Online Betrüger? Das System wird erklärt. Im Internet weiß niemand, dass das Unternehmen Geldwäsche betreibt. In der Vergangenheit kauften Kriminelle eine Autowaschanlage oder ein Nagelstudio. Heute brauchen sie das nicht mehr. Interessant ist, dass an der Cote D´Azur die teuersten Restaurants keine Kreditkarte akzeptieren. Warum ist das so? Nun, viele der Superreichen und darunter sind einige Milliardäre, denen FinTech Firmen gehören zahlen am liebsten bar. Ich habe sie im vergangenen Jahr mit Hilfe von Fotos von Privatdetektiven vor Ort aufgespürt. Sie saßen auf ihren Yachten, die flanierten über die Boulevards. Das Business boomt und überall bleibt ein wenig was hängen, auch in den Hotels und Restaurants. FinTech sorgt dafür, dass die Risiken und die Kosten der Geldwäsche sehr zurückgehen. Das erklärt auch, weshalb es so viele betrügerische Firmen wie bestimmte Online Broker gibt.

Wer seine Kreditkarten- und Personendaten abgibt, damit er bei einem er Online Broker ein Konto eröffnen kann, der ahnt kaum, dass diese Daten später eventuell für Geldwäsche benutzt werden könnten. Manche Broker holen später hunderttausende von der Kreditkarte ab, andere eröffnen Konten bei verschiedenen Banken mit den Personendaten oder Passkopien ihrer Kunden. Dies dürfte eigentlich gar nicht passieren. Unter normalen Bedingungen sollte eine Kreditkartenfirme sofort reagieren, wenn mit der Kreditkrate Dinge geschehen, die nicht dem normalen Verhalten des Kunden entsprechen. Wenn zum Beispiel größere Summen abgeholt werden oder Zahlungen stattfinden in Ländern, die der Kunde normalerweise nicht besucht, so sollten die Institute Aufmerksam werden und den Kunden benachrichtigen. Wie kann es da also sein, dass die Online Broker, die von Finanzaufsichtsbehörden und Kriminalämter weltweit untersucht und beobachtet werden praktisch unbeaufsichtigt Milliarden an den Behörden vorbei schleussen können ? Gleichzeitig sind auch viele dieser Broker in

Händen von Inhabern die schon mehrmals verurteilt wurde, Strafen bekommen haben oder gar im Gefängnis waren. Weshalb sollten korrekte Banken mit solchen Firmen Geschäfte machen ? Manche Banken schliessen vielleicht beide Augen, wollen nichts sehen und nichts hören und akzeptieren solche Kunden, obwohl sie wissen, dass nicht alles ganz sauber abläuft. Das sollte aber die Minderheit der Banken sein. Das größere Problem, welches auch die Banken zu schaffen macht, ist die Industrie der FinTech Unternehmen, hinter welchem Begriff sich alles verstecken kann was im weitesten Sinne mit FinanzTechnologie zu tun hat. Diese Branch eist perfekt auch für kriminelle Organisationen, um sich zu verstecken. FinTech wid in den nächsten Jahren zu einer der größten Industrien wachsen und darin tummeln sich korrekte Unternehmen, aber auch kriminelle Organisationen, die sich in dem großen Teich gut verstecken können. FinTech beinhaltet Unternehmen die digitale Innovationen anbieten die finazielle Transaktionen, Finanzdienstleistung etc. im weitesten Sinne mehr effizient, preiswerter und attraktiver machen. Dazu gehören zum Beispiel Apps mit den man bezahlen kann, crowdfunding, und Datencalculatoren, sowie technologische Investmentmethoden und Kalkulatoren. Dies ist die Zukunft und wird in den kommenden Jahren noch sehr, sehr wachsen. Einer der wichtigsten Sektoren wird der Sektor der Bezahlsysteme sein. Kritiker befürchten, dass es da noch viel zu wenig Kentnisse und viel zu wenig Regulierung gibt. Das bedeutet, dass es auch für Kriminelle besonders attraktiv ist.

Banken und Finanzaufsichtsbehörden haben sich da bis jetzt viel zu wenig darum gekümmert. Manche Kritiker befürchten, dass bestimmte FinTech Firmen die sich selbst als innovativ und besonders korrekt umschreiben tatsächlich mit Betrug und Geldwäsche bschäftigt sind. Deutschland wird in den nächsten Jahren in Europa zu einem der größten FinTech Märkte heranwachsen, bedingt auch durch den BREXIT, deshalb ist Deutschland zur Zeit heiß umkämpft von solchen Firmen. FinTech ist vor allem auch wichtig für viele kleinere Firmen, die ihre Kreditkartenbezahlungen noch besser organisieren möchten, denn in Zukunft wird die Zahl derjenigen, die mit der Kreditkarte abrechnen immer mehr steigen. Diese kleineren Unteernehmen würden sonst Kunden verlieren. Das Wachstum dieser

FinTech Industry bedeute aber gleichzeitig, dass immer mehr kriminelle Firmen dort ihre Geldwäsche, Terrorismus, Maffia und sonstige Strukturen unterbringen könnten. Deshalb müsste die Kontrolle der Finanzaufsichtsbehörden sehr groß sein. Das Problem ist aber gleichzeitig, dass solche Kontrollen sehr viel Geld und Zeit kosten. Nach Angaben von Experten der Finanzaufsichtsbehörden seien solche Unternehmen allerdigns schon jetzt sehr gut organisiert und würden viele Möglichkeiten kennen, ihre tatsächlichen Absichten zu verstecken. Der Leiter der Finanzaufsichtsbehörde in Israel geht davon aus, dass bi szu zehn prozent der Firmen, die Kreditkartenzahlungen akzeptieren, darunter auch viele Broker, ihre tatsächliche Identität sowie ihre tatsächlichen Intentionen vor den

Banken und den Kreditkarteninstituten verstecken würden. Terroristen, Drogendeal, kriminelle Online Broker, kriminelle Pharmaunternehmen, Maffia und Betrüger würden sich durch die Hinterüte Zugang zu der FinTech Industrie verschaffen. Die FinTech Industrie sei ideal, da die Kriminellen in der Vergangenheit kaum Zugang hatten zum regulierten Zahlungsverkehr. In der Vergangenheit war Geldwäsche riskant und teuer – man musste ein Unternehmen kaufen – ein Restaurant, ein Nagelstudio, ein Internetladen oder eine Autowaschanlage. Bedingt durch FinTech hat sich alles verändert. Die Risiken sind kleiner geworden, die Kosten auch und alles funktioniert viel schneller und einfacher. Man gründet viele, viele Firmen, die weder ein Büro, noch Personal haben und die nur auf Papier existieren. Die Inhaber dieser Firmen können jetzt Zahlungen akzeptieren. Es wird somit auch immer einfacher Geld zu waschen, das Problem wird größer und größer und es muss dringend auch dort etwas unternommen werden, damit die Kontrolle größer wird. Die Industrie der Online Broker passt darin hinein. Es gibt zahlreiche Zahlungsprozessoren und –Firmen, die mithelfen, dass sich die kriminellen Online Broker dahinter verstecken können. Dazu gehören auch manche Kreitkartenunternehmen. Wenn ein Online Broker mit einem schlechten Ruf sich an eine Bank wendet, und ein Konto eröffnen möchte, so wird eine respektable Bank ihn weigern. Deshalb wird ein solcher Broker ein sogenannte FinTech Unternehmen gründen und sich dahinter verstecken. Die Struktur wird so aufgebaut, dass es schwierig wird, die tatsächliche Firme dahinter zu entdceken. Auch in Deutschland nutzen Broker immer öfter solche Kontruktionen. Eine typische Online Brokerfrima hat mindestens vier Namen. Der Name der Webseite, der Name des Partnerunternehmens, der Name der Firma auf offshore Inseln, oft in der Karibik , der Name des Unternehmens vor Ort in Israel. Jeder Verkäufer, auch der Online Broker, der mit einem Kreditkartenunternehmen Geschäfte machen möchte braucht eine Bank. Es ist im Interesse der Bank, dass der Verkäufer, der Kunde in diesem Fall kein hohes Risikoprofil hat. Gleichzeitig schreibt das Gesetz in vielen Ländern vor, dass die Bank die wahre Identität ihres Kunden kennt und nicht nur die Identität der Direktoren. Einige FinTech Unternehmen helfen dort. Sie stellen Firmen zur Verfügung, damit die echten Unternehmen nicht auftauchen, dazu gehören Online Broker, Pornofirmen, Online Gambling, Online Polerfirmen, Online Pharma- und Forexhändler. Die meisten FinTech Unternehmen, wissen was sie machen, einige könnten aber vielleicht auch tatsächlich nicht über die wahre Identität ihrer Kunden Bescheid wissen. Es ist ein sehr lukratives Geschäft und manchmal wollen nicht alle die wirklichen Hintergründe und Identitäten kennen. Die Mittelsmänner nehmen Kontakt auf zu den Banken und bieten ihre Kunden sozusagen an. Die Banken haben mit den eigentlichen Kunden keinen Kontakt, sie machen Geschäfte mit den Mittelsmännern, das sind ihre Kunden. Aus diesem Grund haben die Banken auch nicht immer einen Einblick in das tatsächliche

Geschäftsverhalten und sie wissen oft auch nicht, was sich tatsächlich dahinter versteckt, obwohl sie vielleicht eine Ahnung haben. Dieses System funktioniert nun seit etwa 15 Jahren. In den letzten Jahren allerdings wird es immer umfangreicher. Vor 15 Jahren konnte man nur bei einer Bank eine Kreditkarte beantragen und nu rmit der Bank Geschäfte machen. Heute gibt es auch viele andere Firmen die Kreditkartenservice anbieten. In Prinzip ist es die Schuld der Banken, weshalb diese ganze Industrie erst entstehen konnte. Die Banken wollten am liebsten nur Kunden ohne Risiko, das bedeutet Restaurants, Kneipen, Frisöre – man geht rein, trinkt oder bestellt etwas und bezahlt. Andere Betriebe, wie zum Beispiel Küchenfirmen, Möbelhäuser etc. sind viel risikreicher – die Waren werden bestellt und erst Monate später geliefert. Diese Betriebe konnten zwei Dinge tun. 1. Sie konnten lügen und sagen sie hätten ein Restaurant oder so etwas oder sie konnten solche Firmen überreden die Kreditkartentransaktionen officiell zu übernehmen gegen Bezahlung einer Gebühr von zum Beispiel 15 Prozent. In diese Lücke kamen jetzt die FinTech Firmen auf. Sie übernahmen sozusagen die Zahlungsformalitäten für Firmen die als nicht riskant galten obwohl sie in Wahrheit hochriskante Firmen waren. Die Finanzaufsichtsbehörden machen noch viel zu wenig dagegen. Viele Online Broker machen gerne Geschäfte in Ländern wie Nigeria, Belize etc. weil dort die Aufsichtsbehörden nicht so streng sind und die Banken viel eher solche Firmen akzeptieren. Auch in Osteuropäischen Ländern werden solche Firmen eher akzeptiert. Eine Industrie wie die der Online Broker, in denen nach Angaben von Experten etwa 90 Prozent Betrug ist, ist durchwachsen von FinTech Firmen, Banken und Experten die auch auf Google, Twitter und Facebook Werbung machen für diese Online Broker. Die wirtschaftlichen Interessen dieser Online Borke rund der gesamten Industrie sind immens und die Beziehungen bishin zu Behörden sind intensiv, deshalb ist es für die Geschädigten sehr schwierig ihr Geld, welches sie durch Betrug losgeworden sind, urück zu bekommen. Auch die Anwälte der Geschädigten, die Aufsichtsbehörden und sogar die Gerichte haben es sehr schwer, die Kriminellen zu stoppen. Es ist ein Kampf, der sicher noch schwieriger wird in den kommenden Jahren weil immer mehr Geld in diese Industrie und auch in die FinTech

Industrie fliessen wird. Die Frage ist ob das globale Bankensystem aufwachen wird, ob die Finanzaufsichtsbehörden aufwachen werden und die unzähligen Geschädigten helfen werden und dafür sorgen werden, dass es weniger Geschädigte in Zukunft gibt. Das globale Bankensystem ist immer undurchschaubarer geworden und damit für Kriminelle immer attraktiver. Es gibt unzählige Lücken, die die Banken selbst nicht schliessen können. Es gibt Softwarelücken, die manchmal erst durch Betrug entdeckt werden. Dann ist es für die Banken manchmal attraktiver den Betrug zu decken, damit die Kunden nicht erschrecken und ihr Geld abholen. 100 Prozentige Sicherheit gibt es nicht und die Lücken werden von den Kriminellen schamlos genutzt. Alles ist automatisiert. Wenn Computer ausfallen gibt es kein Geld, der Kunde kann nicht mehr an sein Geld ran. Wenn Kunden den Betrug frühzeitig entdecken, dann können sie ihr Geld zurückverlangen. Die kriminellen Online Broker sorgen allerdings dafür, dass ihre Kunden Verträge unterschrieben haben, die es unmöglich machen Geld zurückzuverlangen. Im Kleingedruckten steht das dann oft vermerkt. Ich habe hunderte solcher Fälle, wo Kreditkarteninstitute das Geld nicht von den kriminellen Online Brokern zurückverlangen können und die Unternehmen es auch nicht ersetzen, weil die Kunden unterschrieben haben. Manche Kunden haben hunderttausende verloren und bekommen das Geld nicht zurück. Für die Geschädigten ist es oft ein Kampf gegen Windmühlen, manche sind Jahre damit beschäftigt, einige bekommen es wohl nie zurück. Es macht müde und wütend. Viele der Opfer haben das Vertrauen in Regierungen und Gerechtigkeit verloren und ich kann sie verstehen. Ich habe selbst stundenlang mit Finanzaufsichtsbehörden.

Ministerialbehörden, Kriminalbehörden, Polizei, Banken, Parlamente etc. gesprochen, hunderte Emails verschickt, nur sehr wenige und meist kurze Antworten und bis heute so gut wie gar keine Unterstützung bekommen. Die Macht der Kriminellen ist offensichtlich so groß, dass die Behörden mehr angst vor ihrem Einfluß hat als vor dem Einfluß des Volkes. Noch sind es zu wenige und noch unternehmen sie nicht genug. Das System allerdings macht Korruption und Betrug einfacher als je zuvor und es sogrt für Unzufriedenheit und Unmut beim Bürger, vor allem wenn er Opfer geworden ist. Ich rate immer allen ruhig zu bleiben, nicht aufzugeben und immer wieder und immer wieder für eine Entschädigung zu kämpfen. Zum jetzigen Zeitpunkt ist das die beste Lösung. Der Schlüssel zum Erfolg liegt einzig und alleine darin so viel wie möglich Öffentlichkeit zu kreeieren. Darin sind sich alle Experten einig. Desto mehr Öffentlichkeit, desto weniger wird sich eine Bank trauen Geschäfte mit solchen Unternehmen zu machen. Gesellschaftlich allgemein abstoßend ist Kinderpornographie und wenn eine Bank mit einem solchen Unternehmen Geschäfte machen würde, so ware das sehr, sehr schlecht für das Image. Das muss erreicht werden, dass es für eine Bank genauso schlecht für das Image ist, wenn sie Geschäfte macht mit solchen Online Brokern. Die Kriminellen haben weder Moral noch

Gewissen, aber den Banken ist an einem guten Ruf gelegen und da ist der Knackpunkt, da müssen wir hin. Jeder muss wissen was sich abspielt. Die Verantwortlichkeit tatsächlich etwas gegen die betrügerischen Online Broker zu unternehmen liegt aber letztendlich bei den Regierungen, bei den Finanzaufsichtsbehörden. Sie müssen genauer hinschauen und sie müssen den Druck erhöhen auf die Kreditkarteninstitute, damit diese die Online Broker als Kunden blockieren. Wenn es eine ganz klare Regulierung gäbe und zwar schon alleine für Europa und Druck, dann würde das Risiko für meine Bank wachsen, solche Zahlungen oder solche Kunden zu akzeptieren. Es würde den Kunden immens helfen, damit sie nicht auf solche Betrüger reinfallen.

Die Israelische Polizei erzählte vor dem Knesset in Israel über ihre Rechercheergebnsse der Online Broker. Die organisierte Kriminalität in Israel habe sich durch diese Branche exxtrem vergößert und sei immer stärker geworden, auch weil die Gesetze, sowie die Gesetzüberwachung nicht funktioniert hätten. Man habe es bis heute versäumt, das Problem in den griff zu bekommen und man habe auch zu wenig unternommen. Dies müsse sich ändern. Superintendent Gabi Biton, der das Projekt leitet, erklärte, dass ihm jetzt erst wirklich die Augen geöffnet worden wären. Es sei eine professionell organisierte kriminelle Organisation zu denen zahlreiche Firmen gehören würden und Kriminelle auf verschiedenen Ebeben, bishin nach ganz oben. Sie würden ihren Einfluß auf allen Ebenen der

Gesellschaft ausüben. Jedes Jahr würden zwischen 5 und 10 Milliarden Dollar erzielt. Es gäbe inzwischen etwa hundert Firmen mit zehntausenden Mitarbeitern.

Diese Firmen würden Kunden weltweit ertragreiche Investitionen in Aktien, Rohstoffe und Valuta anbieten. Tatsächlich aber stecke dahinter ein ausgeklügeltes System um Menschen zu bestehlen, so der Leiter des Projektes. Erzielte Gewinne würden nicht ausgezahlt, Gelder würden von den Konten gestohlen und sie würden so lange weitermachen, bis der Kunde nichts mehr hätte. Das Verkaufspersonal im Callceneter würde lügen über ihre tatsächliche Identität, über ihre Ziele und darüber, von wo aus sie tatsächlich anrufen würden. Diese Industrie ist äussert lukrativ und deshalb würden immer mehr Kriminelle sich in diese Richtung organisieren. Die organisierten Bosse würden viel Geld darin stecken, das beste Verkaufspersonal anzuheuern, mit besten Sprachkentnissen um dann zu betrügen. Inzwischen habe diese Industrie fast monströse Formen angenommen, der Umfang weltweit sei gigantisch und wachse jeden Tag mehr. Sogar für Experten und Projektleiter sei es kaum zu fassen welche Methoden angewandt würden und welcher Umfang die dazugehördende Geldwäsche habe. Im Knesset gibt es drei Termine, bevor über das Gesetz abgestimmt wird, um die Industrie der Binären Optionen aus Israel zu verbannen, den Handel mit diesen Produkten ganz zu verbieten. Der usrprüngliche Text der Israel Security Authorities und des Justizministeriums wurde bereits abgewandelt, damit nur noch die Binären Optionen und nicht die gesamte Industrie mit CFD Handel, Forex und Rohstoffe für Kunden weltweit verboten werden sollte. Darüber waren einige Abgeordnete sehr überrascht. Im ursprünglichen Text war vorgesehen, dass nur noch Firmen, die eine Lizenz im eigentlichen Land hatten dort ihre Produkte anbieten konnten, ansonsten sei es verboten. Für Europa hätte dies bedeutet, dass zum Beispiel ein CFD Broker, der in Deutschland tätig sein wollte auch dort registriert sein müsste. In Deutschland gibt es zur Zeit nur zwei oder drei registrierte CFD Händler. Die meisten sind in Zypern registriert. Mit der abgewandelten Version wird sich nicht viel ändern, denn die Binary Options würden einfach fallengelassen und die Broker würden sich auf den CFD Handel konzentrieren und einfach weitermachen mit ihrem Scam. Die Lobby der Online Broker sei einfach zu groß und das urprüngliche Gesetz habe kaum eine Chance durch den Knesset zu kommen, so Insider der Branche. So gäbe man sich deshlab mit der abgespeckten Version zufrieden, die besser sei als gar nichts. Man sei inzwischen ohnehin gewarnt, habe einen Eindruck über den Umfang des Betruges und könne jetzt weiterrecherchieren. Man habe Namen, Hintermänner und Organisationen. Das sei ein Anfang. Es sei im vergangenen Jahrzehnt ein weltweiter Netzwerk im Internet entstanden von Betrügern, dazu gehöre auch der Carbon-Vat Skandal, der in Frankreich ein sehr großer Skandal gewesen sei. Manche würden mit dem sogenannten CEO Scam weitermachen, andere seien in die Gambling Industrie und in die Binären Optionen eingestiegen. Das Problem sei, dass mit dem vielen Geld auch die Kriminellen immer stärker würden. Die Israelische Polizei sei damit beschäftigt die Wege des Geldes zu verfolgen und die wahre Identität der Eigentümer zu recherchieren, die sich hinter den Firmen in Belize oder den British Virgin Islands verstecken würden. IN den USA sind Behörden schon wesentlich strenger und auch in Europa entsteht immer mehr Aufmerksamkeit für die Betrugsmasche, deshalb würden die Firmen zur Zeit ihre Tätigkeit in Arabische Länder verlegen. Die Online Broker Webseiten können nur dann erfolgreich sein, wenn sie einen Entwickler hinter sich haben, der die gesamte Software entwickelt, wie zum Beispiel Spotoption. Diese Firma entwickelt die Software und bekommt dafür eine Provision von 10 Prozent. Nach Angaben der israelischen

Polizei ein sehr hoher Prozentsatz nur dafür, dass die Software bereitgestellt wird. Da könne etwas nicht stimmen, das könne sich jeder an seinen eigenen zehn Figern abzählen, so der Polizeiinspektor Gabi Biton. Normal seien 0,5 Prozent, bei Geldwäsche wären es 14 Prozent. Wer 10 Prozent Kommission verlange, da könne etwas nicht stimmen. Bei vielen Online Brokern würde das Geld der Kunden tatsächlich nie auf einer Tradingplattform investiert, sondern es würde beim Broker bleiben und der Kunde würde mit manipulierter Software beeinflusst. Zuerst mache er Gewinne, danach würde alles blockiert. Die Software sei das A und O der Firmen, mit welcher sie die Kunden betügen würden. Es wird auch vermutet, dass es Verbindungen gibt zum Diamantenhandel. Viele der Online Brokerfirmen hätten ihre

Büros im Ramat Gan Diamantencenter. Die Experten haben festgestellt, dass es ein raffiniertes System gibt von Prozessoren auf erster und zweiter Ebene und Agregatoren, mit deren Hilfe die tatsächlichen Geschäfte vor den beteiltigen Banken versteckt werden. Es sei trotzdem schwierig die tatsächlichen Verantwortlichen zur Rede zu stellen, da es sehr schwierig sei Beweise zu sammeln. Ehemalige Angestellte würden zwar reden, aber der eigentliche Beweis wäre das Problem. Deshalb sei es auch sehr wichtig, dass sich so viele wie mögliche Betroffene aus der ganzen Welt melden würden. Israel braucht die Hilfe der Welt um diese Kriminellen zu stoppen. Die Firmen sind registriert in einem Land, die Hauptaktionäre sind zwei andere Firmen. Die Server sind nicht in Israel, die Holding ist auf den British

Virgin Island oder in Belize registriert. Es ist sehr kompliziert das alles zu recherchieren. Ganz wird man diese Industrie nicht stoppen können, denn sie wird sich wieder neue Schlupflöcher suchen. Je mehr Aufmerksamkeit und Öffentlichkeit es allerdings gibt, desto schwieriger wird es für die Kriminellen, um Menschen zu betrügen.

Herstellung und Verlag:
BoD - Books on Demand, Norderstedt
ISBN 978-3-7448-2971-7